会听比会说更重要

More Important To Hear

李涵 /著/

图书在版编目（CIP）数据

会听比会说更重要 / 李涵著. — 北京 : 企业管理出版社, 2019.5

ISBN 978-7-5164-1851-2

Ⅰ. ①会… Ⅱ. ①李… Ⅲ. ①人际关系—通俗读物 Ⅳ. ①C912.11-49

中国版本图书馆CIP数据核字(2018)第288847号

书　　名：会听比会说更重要
作　　者：李　涵
责任编辑：宋可力
书　　号：ISBN 978-7-5164-1851-2
出版发行：企业管理出版社
地　　址：北京市海淀区紫竹院南路17号　邮编：100048
网　　址：http://www.emph.cn
电　　话：编辑部（010）68416775　发行部（010）68701816
电子信箱：qyg1002@sina.com
印　　刷：玉田县昊达印刷有限公司
经　　销：新华书店
规　　格：710mm × 1000mm　1/16　14印张　177千字
版　　次：2019年5月第1版　2019年5月第1次印刷
定　　价：45.00元

前言

倾听的魅力

当今社会，情商越来越受人们的重视。美国著名心理学家丹尼尔·戈尔曼在其所著的畅销书中这样说："情商才是人生最主要的决定因素，一个人能否成功，只有20%由智商决定，而剩下的80%则是情商的作用。"中国著名企业家马云也曾说过："情商与成功息息相关。"

人们普遍认为，所谓情商高就是会说话。我们经常看到那些著名主持人在节目中思维敏捷、口齿清晰，巧妙地引导节目的走向，让很多人羡慕不已。无疑，会说话是一种高情商的重要表现。就像著名作家朱自清先生所说的那样："人生不外言动，除了动就只有言，所谓人情世故，一半儿是在说话里。"掌握了说话的艺术，你就能洞察一大半人情世故和人生至理。

人们对表达如此重视，却往往忽视了倾听。真正的倾听不仅要用耳朵，更重要的是要用到大脑。

只有当你用心倾听别人的话语时，才能真正体会别人的思想和感情。是否专心倾听，对方一眼便知。学会倾听，能激发别人说话的欲望，也能获得别人的信任、赢得别人的好感。

如果把眼睛比作心灵的窗户，耳朵就是通往心灵的道路。大多数人往往更加注重表达的能力，却经常忽视了倾听的力量。想要成为一个高情商的人，就必须调整这种带有偏见的看法。否则，只会让你本末倒置。

喜欢滔滔不绝，不给别人插话的机会，绝不是高情商的表现，只不过是喜欢彰显学识和吸引别人的注意力罢了。真正深谙说话之道的人，会把倾听放在第一位。他们在用耳朵倾听的同时，会调动起所有感官，边听边思考，边听边给予对方反馈，这样才能让沟通变得更高效、更顺畅。因此，本书的创作初衷就是教大家学会倾听，从忽视倾听的“盲区”中走出来，从而达到改善交流的目的。

本书以说话者和倾听者两个视角诠释了人们在交流时的内心感受，以期帮助读者认识到会听比会说更重要。如能让读者朋友们有所体会和领悟，从而提高沟通质量，实为作者之幸。

李涵

2018 年 12 月

目录
CONTENTS

第二章 倾听，从引导对方说话开始

——你愿意听，对方却不愿意说

第三章 优秀的倾听者，他们到底在听些什么

——听了那么久，你却什么也没听懂

第五章 关于刚才的话，我有几个问题要问

——听完了就完了吗？要做好反馈

第六章 谨防落入倾听陷阱

——小心！掉入陷阱，怎么倾听都没用

第七章 开口说话，倾听者的“致命一击”
——光听不说是聋子，只会点头是傻子

倾听者思维 VS 说话者思维

——说了那么多话，却没打动任何人

说话者思维：表达只有数量，没有质量

倾听者的话：高质量的表达不一定要滔滔不绝，话语贵在以质取胜，而制胜的关键是倾听。

一名即将毕业的大学生正面临找工作的问题。他的个人素质很不错，但他苦于表达能力不好，于是向口才专家求助："怎么样才能练就好口才呢？"

口才专家跟大学生说：平时要多加练习。大学生说：自己平时确实挺注意口才的锻炼的，跟人说话总是能主导话语权，但发现沟通的效果越来越差，现在对自己的表达能力越来越没信心了。

口才专家就问了大学生一个问题："你认为什么样的口才才是好口才？"

大学生认为：好的口才就应该向华少、汪涵、郭德纲那样，一张嘴便成为焦点，口若悬河、滔滔不绝，让人从心里佩服。当大学生说出这 3 个人的名字之后，口才专家就知道他的问题出在什么地方了。

不可否认，华少、汪涵是很好的主持人，郭德纲是著名的相声演员。

华少语速快，汪涵和郭德纲反应快又幽默。但是，那也仅仅是他们在主持节目或相声表演的特定的环境下的言行。在私底下，这 3 个人应该都不是这个样子的。

据说，郭德纲在私下交往中是一个话很少的人，相对于让他滔滔不绝地说个没完，他反而更喜欢听别人说话，只是在别人说话的间隙偶尔说几段“金句”。但是，就这几段“金句”却足以起到画龙点睛的作用。

见这个大学生还不明白，口才专家就继续向他解释：节目主持人在很多时候都是舞台的焦点，这要求他们必须能够让舞台活跃起来，一个不冷场的主持人才是好主持人。为了不冷场，他们必须用特殊的表达方式把观众的情绪带动起来。作为主持人，第一，要多说，因为话少了就冷场了，没话也必须找话；第二，要机智，要能沉着应对各种突发状况，哪怕对着空气尴尬聊天也得聊下去。但是，人们在生活中却不用这么做。

大家可以想象一下，在面试中介绍自己的时候，有谁会用华少那样的语速说话？用郭德纲那样的幽默插科打诨呢？

与人沟通，我们要的是沟通的效果，而不是说话的数量。像这位大学生所谓的练习，无非就是在练习怎么多说、快说，练习怎么从别人那里抢夺话语权。结果，当然是话说得越多，他沟通的对象越讨厌他了。

这位大学生在语言表达上的症结，很多人也有：说话只重视数量，而忽视了质量；只顾自己说个痛快，全然不管对方有没有听。这是典型的说话者思维方式，而这种思维方式对于沟通是非常不利的。

大家可以回忆一下，你是不是经历过这样的场景：你在这里滔滔不绝地说话，对方在一边摆出一副倾听的模样。然而，对方的眼神并不在你身上，而是四处游走。其实，这种状况就表示对方已经不耐烦了，只是因为有涵养而耐心地听你把话说完。不信的话，你可以做个试验，在说话中试着稍微停顿几秒，相信对方马上就会做出反应。对方要么赶快离开，要么赶快岔开话题另找其他话题。在这样的场景中，你确实说痛快了。然而，对方却没听进去，你说得再多又有什么用呢？

好口才并不在于说多少，而在于有多少话被听众接受。

美国独立战争获胜之后，来自全国各地的代表齐聚费城，为美国将要成为怎样的国家开会，这就是被后人称为奠定了美国国家基础的制宪会议。

制宪会议虽然伟大，但却一点都不和谐，来自全美各地的55位代表个个有自己的主意，代表们从会议第一天就开始吵架，这一吵就吵了116天。在这些代表中，不乏演说家、雄辩者，比如后来成了美国总统的本杰明·富兰克林、詹姆斯·麦迪逊等。然而，对会议起关键性作用的则是美国的缔造者——乔治·华盛顿。

在美国制宪会议举行的这4个月的时间里，华盛顿表现得异常沉默。人们在唇枪舌剑的时候，华盛顿只是静静地坐在角落里，注视着会场的一举一动，倾听每个代表的演说、辩论。当有代表要求华盛顿进行演说时，华盛顿总是推辞；当有代表向华盛顿提问时，华盛顿也总是点到为止。

总之，沉默寡言就是人们对于华盛顿在制宪会议上的表现的最好评价。但是，没有人能忽视：就是在会议最关键的时刻，华盛顿对于美国联邦国体的坚持让制宪会议最终敲定了美国的国体。

华盛顿的话虽不多，但却非常有分量，这才是真正的口才好。如果华盛顿一味地多说话，每次讨论都要成为话题的引领者、话语权的分配者，那他的话语恐怕也没有那么强的力量了。

说话者的思维方式有3个特点：第一，要表达流畅；第二，要掌握话语权；第三，要支配谈话节奏。如果读者在与他人沟通的时候也有这 3 种潜意识行为，那就说明你的思维正处于说话者的思维模式下。此时，你应该赶快闭嘴，调整一下自己的心态。否则，你这次的沟通是绝不可能获得良好效果的。

我们一定要切记：说话在精不在多，话出口就一定要有效果。如果你的话说了等于没说，那也就不用交流了，你回家对着墙说段“单口相声”，也能让自己痛快痛快。

倾听者思维：话只能说给想听的人

倾听者的话：你知道对方想听什么吗？如果对方对你的话题根本不感兴趣，即使你说再多的话也毫无价值。

大家是否想过一个问题：我们说话是为了什么？说话的目的自然是让别人听。因此，作为说话者，我们就要思考听话一方想要听什么话，他们对什么样的话题有所喜好。如果不考虑这些，对方对我们所讲述的话题根本不在乎、不关注，这样的对话很快就会无法进行下去了。阅读到这里，有人会产生疑问：难道不是要说真的能打动对方的话吗？如果只挑对方想要听的话来说，这话说出去有什么价值呢？如果你也这样想，我在这里就可以下结论：你是一个不懂得沟通技巧的人。

著名的社会学家古斯塔夫·勒庞在他讨论社会心理的著作——《乌合之众》中这样说：群众在接受事实的时候是有选择性的。也就是说，他们只愿意听那些他们想听的话；至于那些不想听的话，即便是真的，也会被他们无视。

如果说话者能够学会换位的思考方式，总是能够设身处地去理解倾听者，久而久之，说话者就成了倾听者的知心人，也就取得了对方的信任。

人到中年的张超正值事业高峰期，但他却总是闷闷不乐。他的好朋友王伟看到张超每日总是愁眉不展，就在一次交谈中问张超闷闷不乐的原因。张超说：自己的老领导退休了，来了一个新领导，脾气古怪，与自己格格不入。无论自己说什么，这位新领导总是不认同。渐渐地，工作也很难顺利进行下去了。

王伟听了张超的倾诉，就教了他一个办法，让张超多去揣摩这位新领导的想法，多和对方说些他喜欢的话题，人际关系融洽了，工作自然也就顺利了。

于是，张超开始观察新领导的喜好。他发现新领导每天早上都会买一份报纸，而且总是爱关注报纸的军事版面。原来，新领导对军事新闻感兴趣。张超回到家中，开始了解最新的世界军事动态……

一次，张超在向新领导汇报工作之余顺嘴说了最新的军事新闻，新领导顿时来了兴趣，与张超聊了起来。几句话过后，新领导见张超对军事有这么高的见解，立即对他刮目相看，并滔滔不绝地与他谈论起来。久而久之，新领导总是喜欢和张超在闲暇时间交流军事话题。就这样，两人的关系缓和了不少，甚至还成了不错的朋友。这种由共同话题建立起的好感使张超的工作渐渐顺利起来。新领导也愿意听从张超的建议了，更加信任他了。

沟通的最终目的是有效，想要有效，前提是沟通的对方能够听得进你说的话。想要对方听得进你说的话，前提就是你必须明白对方是怎么想的。

有一段时间，美国市场上日本汽车的销量总是比美国汽车的销量好。美国汽车的研发者们对此摸不着头脑，是自己的汽车质量不好，还是价格没有日本汽车的价格低？实际上都不是，而是日本汽车的设计者更加体贴，他们往往设身处地地为消费者着想，十分注重汽车的细节之处。比如，杯托的设计总是让驾驶员感到特别舒适，雨刷可以根据雨量的大小来调节速度，在车内只需按下按钮就能轻松升降玻璃。这些在我们现在看来已经习以为常的设计，在当时大多汽车上都是没有的。日本人的这种设身处地的设计理念源自于他们很耐心地倾听了消费者的声音。

在充分了解了消费者的心理需求之后，日本人用设计方面的创新“说”出了消费者想听的“声音”，进而赢得了消费者的心。

对于学习沟通技巧的人来说，如果你想让自己的话更中听，不妨试着从以下 4 个方面做起。

第一，经常观察你身边的人和事，留意一些小细节。对方有什么兴趣爱好，对什么事物比较敏感，对哪些情况比较反感，这些都是对方真实的内心的外在反映。这样多观察，你就会更加全面、准确地了解身边的人。

第二，注意别人的话语。每个人的话语都是表达内心最直接的载体，虽然有时会口是心非。注意别人的话语，你就能体会到他们内心的真实想法，做事的时候也就表现为更加贴心、善解人意。

第三，注意你所在的环境和听话者的心理。一些话语可能会让别人感到刺耳或者反感，说出这样的话语会给你带来很多麻烦。因此，在说话时要注意你的听众，谨言慎行，不要图一时口快，说出伤人的话。

第四，尝试“农村包围城市”的策略。如果想了解一个陌生人，可能在短时间之内通过观察并不能很好地把握。这时，我们可以向别人求助。与这个人相处时间长的人往往更了解这个人，比如这个人的老朋友、家人或者同事，我们可以听听他们是怎样评价这个人的，这样会更加高效、省时。

话只能说给想听的人听。因此，想要获得良好的沟通效果，你先要让对方变成那个想听你说话的人。

说话者思维：鹦鹉会说“我爱你”，但不懂“我爱你”

倾听者的话：别人说什么，你就跟着说什么，这种毫无思想的言语不会引起他人的重视。

在与他人交往的过程中，有些人为了表现自己能说会道，经常说一些不像是从他嘴里说出来的话，这就让人啼笑皆非了。

宋晓峰在喜剧舞台上给大家留下了深刻的印象，他那“一言不合就吟诗”的角色塑造更是每每赢得满堂彩。在生活中，在正式的社交场合，如果遇到一个像宋晓峰在舞台上一样的人物，相信你就笑不出来了，恐怕还会生出“踹他一脚”的想法。因为一个普通人满嘴咬文嚼字地朗诵自己“创作”的“打油诗”的行为，无论如何都会让人觉得厌恶。如果这个人还并非真的会吟诗，只是自以为是天才，然后到处抒发他的“才华”。与这样的人交谈，倘若能坚持 3 分钟，就算是难能可贵了。

我们都见过鹦鹉学舌。主人经常在鹦鹉跟前说一些话，比如“我爱你”“你好啊”“吃了吗”之类的，甚至有的主人还会教鹦鹉背唐诗。鹦鹉经常听到主人的话语，时间长了就会模仿下来。之后，可能你刚说一句，鹦鹉就重复一句。可能你刚说完“床前明月光”，鹦鹉就跟着说：“疑是地上霜……”然而，鹦鹉实际上并不知道它所说的话是什么意思。当鹦鹉说“你好”时，它并不知道所谓“你好”的意思，不过是单纯的模仿罢了。很多时候，具有强烈的说话者思维的人和“表达欲”强烈的鹦鹉没什么两样。他们可能不过是从其他地方道听途说来的什么东西，自己本人并不理解，但觉得很厉害，用在自己的话语里能够提升自己话语的说服力，然后就人云亦云地表达出来。结果如何呢？自然是引起他人的反感。

要成为一个沟通高手，你所说的话、所谈论的道理都要经过自己大脑的加工，得出自己的体会。这样，你才可以避免很多错误的观点，你的观点也更容易被别人理解、接受。那么，在做不到这一点之前我们应该怎么避免出现鹦鹉学舌式的状况呢？答案就是不要轻易地发言，尤其是“拉大旗作虎皮”式的发言。

如果你与人聊天的时候，非要在气势上压倒对方，动辄在言语上指点江山，那就别怪对方用异样的眼神看你了。

《菜根谭》中有云：“十语九中未必称奇，一语不中则愆尤骈集。”这句话的大致意思就是：即使你所说的十句话中有九句话都是对的，但如果其中有一句话是错的，那也不一定会得到人们的赞赏，反而有可能遭到流言的诋毁。所以，我们在生活中，对自己的言论要加以约束，不要盲目地鹦鹉学舌。当然，并不是你从别人口中获得的信息就不能为自己所用。很多谈资丰富、招人喜欢的说话者都是善于汲取外界信息的人，他们的厉害之处就在于擅长对各种信息加以汲取、借鉴，把适合的话题分享给别人。反之，如果这些话或者做法根本不适合你，盲目地模仿或者借鉴只会适得其反，下面一则寓言故事就说明了这一点。

一位农夫在家中养了一只小狗和一头驴。农夫每天疲惫地回到家中，那只小狗都会飞快地迎上去，又蹭又舔，高兴得直叫，还不停地摇晃着尾巴。农夫一见到小狗这么热情，一天的疲惫都消失了，温柔地摸摸小狗的头，从桌子上取一根骨头给它吃。

驴看在眼里，疼在心里，心想：我这么多年勤勤恳恳地埋头苦干，活儿干得比谁都多，还要经常挨打。这个小狗整天就会“汪汪”叫，给主人“拍马屁”，看主人喜欢它的样子就让人生气。看来，埋头苦干不如联络感情，我得想想办法！

一天，主人又从田里回来了。还没等小狗反应过来，驴拉着难听的嗓子，连叫带跳地向主人扑了过去，学着小狗的样子，把两只驴蹄子搭在主人的肩上，伸出黑长的舌头舔主人的脸颊，农夫吓了一跳。稳定下来情绪的农夫越想越气，暴跳如雷，拿出皮鞭子狠狠地抽了驴一顿。

有些人看到别人滔滔不绝的样子十分羡慕，便也想学习，在众人面前露一手。谁知，有些粗劣的模仿却“画虎不成反类犬”，让人哭笑不得。就像上面故事中的驴一样，本想博得主人喜欢，没想到不考虑自身情况，一味生硬地模仿，并没有赢得主人的喜爱，反而遭了一顿鞭打，真是可笑！

如果你想要让自己更招人喜欢，不妨试试从以下 3 个方面做起。

第一，经常关注新闻事件、社科知识或奇闻逸事，丰富自己的学识和内涵。

第二，对一些耸人听闻的事件或有待考证的事情，要有一定的辨别能力，不要人云亦云、鹦鹉学舌。

第三，对自己有一定的认知。有些言论并不符合自己的身份，就不要一味地模仿。

如果让我列举人类最重要的技能，我认为学习技能一定处在最靠前的位置。而实际上，“学习”的主要方式就是“模仿”，人类的成长过程大致就是对前人经验的总结和模仿。想要提高自己，大多也是通过“模仿”。比如，学习书法的初学者最先做的事情就是临摹书法大家的字体。说话也是如此，如果你想成为一个善于沟通的人，就一定要学会模仿。但是，这种模仿不是盲目地照搬、照抄，而是要学会从中汲取精华后再为自己所用。这样，各种优秀的沟通技巧和“有料”的谈资才能为自己所用。

倾听者思维：听和说也存在“黄金分割线”

倾听者的话：光说不听和光听不说都是错误的沟通方式。想要成为一个沟通高手，就要注意把控两者的比例。

人际沟通其实就是一种双向的语言交流。我们除了要表达自己的想法，还要倾听对方的诉求。如果你只是知道了倾听的重要性，却没有真的重视倾听，结果可能会很糟糕。在这里，我们有必要解释一下什么叫意识到了重要性但却不重视。如果你看了本书，在与他人交往的时候让自己处于倾听者的状态，那就意味着你意识到了倾听的重要性。然而，如果你只是扮演倾听者，却没有真的做到良好的倾听者应该做的那样，你就是没有真正重视倾听。有人可能会问：良好的倾听者什么样？对于这个问题，我之后会慢慢解析，现在，我们先看一看不好的倾听者是什么样的。

一位研发人员走进技术主管的办公室，他最近有一个技术创新的构想，想好好和主管聊一聊。主管很热情地接待了他，两个人开始了对话。

研发人员："主管，我来第三研发室已经半年了，对于现在的工作，我发现一个可以商榷的地方……"

主管做倾听状，微笑着说："你说得太好了，请具体说一说。"

研发人员："出于成本的考虑，我觉得公司在线程终端上可以进行负载压缩……"

主管表情没有变化，仍然十分热忱地听着。

研发人员："我这项技术改进是在原有的基础上增加……"

主观仍然在倾听，只是偶尔偷看一下身边的电脑。

研发人员："我说了这么多，不知道主管有什么看法？"

主管仍然用微笑的表情看着研发人员："我很重视，回头我一定好好想想。"

研发人员悻悻地走出了办公室，心里满是怒火。

上面案例中的主管确实是一位倾听者，但他真的在倾听吗？其实是没有的。他那种倾听的表情更像是在敷衍，而不是在交流。所以，只听不说是不行的。那么，在与人交流的过程中，到底该怎么权衡倾听与说话各占的比例呢？

我认为，倾听与述说之间应该有一个很好的比例，我将之称为听与说的"黄金分割线"。著名的前央视主持人柴静很受观众的喜爱，她采访的方式就堪称是一个"会沟通"的范本。柴静采访的时候，她总是以一种身体向前微微倾斜的姿态倾听对方的话语，并伴之以各种轻微的肢体动作，这是一种发自内心的倾听姿态。通过倾听，柴静能更好地贴近被访者的内心世界，获得对方的信任，把自己最真实的故事讲述出来。而在倾听对方的故事时，柴静也会不失时机地给予反馈，反馈的下限是让对方感觉到，上限是不打乱对方的谈话节奏，我认为，柴静这种听与说尺度的掌控就很值得所有人学习。

在《看见》节目里，柴静对与周星驰对话的拿捏以及引导周星驰把他的故事说出来的沟通技巧，都十分值得借鉴。

在与周星驰两个人聊到爱情和家庭的时候，柴静没有像很多主持人那样表达自己的观点，而是让周星驰讲述自己的想法，只是在谈话的间隙夹杂一些类似反问、询问和总结式的话语，让双方的交流更顺畅。

柴静与周星驰两个人聊到结婚的话题时有如下的对话。

周星驰：我现在这样子，你看，还有机会吗？

柴静：为什么这么问呢？

周星驰：年龄也越来越大了！

柴静：你才多大？

周星驰：你都知道了，我都害怕说出来了，现在我自己的年龄……

之后是周星驰的个人讲述，不过节目跳转为对《大话西游》的回忆。

在这个采访节目里，柴静和周星驰的话语看似比例一样，但柴静的话语几乎都是引导和辅助式的；而在周星驰说话的时候，柴静就在一旁做了一个认真的倾听者。

沟通的时候，会说当然很重要，但懂得说在什么地方则更加重要。说得过多，会让人反感；说得过少，会让人觉得在敷衍。有的时候，接话接的不是地方，又容易打乱别人的话语节奏。所以，如何拿捏听与说的分寸真的是一件重要的事情。那么，倾听与述说的正确比例应该是怎样的呢？

如果单纯以说话多少作为比例的话，你至少应保证一点：就是当你的沟通对象在说话时，你要保证对方话语里的每一个重要的点都能得到你的反馈。也就是说，你要仔细分辨对方所说的话哪些是重点，然后对这些重点进行话语总结、反问、肯定、否定等反馈。这个比例要保持在既不喧宾夺主，又让对方意识到他（她）说的话已经进入了你的心里为好。想要做到这些，我有如下几个建议供读者参考使用。

第一，要用心去听。听人说话的时候三心二意只会让对方觉得你是在敷衍他（她），对方很快就没有继续说下去的欲望了。如果你此时确实有事，没有时间听对方表达，那就要立刻告诉对方："对不起，现在我有些棘手的事要做，我很想听听你的观点，可不可以等我做完这件事？"拒绝也要有礼貌，这样不会让对方反感。

第二，打破尴尬的沉默。沉默式的倾听很多时候能达到"无声胜有声的效果"，但不是说要一味地倾听而不发言，尤其是对方等待着你发言的时候。如果你一直不发言，就会让彼此陷入"尴尬的沉默"当中。

要想主动打破尴尬的沉默，可以适时用一些简短的连续话语回应对方。比如，"对，我也是这样想的""是的，你说的有道理""不，这里我有点不明白""等等，我有点不清楚，你详细说一下"等。注意，一定要用连续性话语，而不要仅仅用"是的""好的""对"这样简单的词。因为这些词只要不是在接受上司指派任务的情境下，一般都会让他人产生敷衍的感觉。

第三，插话要插对地方。我们不建议插话，但有些时候，为了做一个良好的倾听者，适时地插话也是在所难免的。但是，插话也要讲技巧，不要随意插话。一般来说，插话应该在对方语序的间隙或一个观点表达完的时候进行。

第四，当对方想要知道你的想法时，用尽可能清晰的语言表达出你的观点。在对话或聊天中，当一方表达完自己的想法后，往往希望听到对方的看法和意见。这时，作为倾听者的你就要说出自己内心的想法，不要沉默或遮遮掩掩，这样会让对方无法理解你的意图。想要获得好的人际关系，就要真诚，让别人对你有所了解。这样一来，对方也会敞开心扉。否则，只是单方面表露心声，另一方不予回应，沟通效果会大打折扣。

中国一直都有“多听少说”的处世哲理，这里蕴含着为人处世的大智慧，被无数成功者奉行。就像哲学家芝诺说的：“我们之所以有两只耳朵而只有一张嘴，是为了让我们多听少说。”记住这句话，你会离出色的沟通者更近一步。

说话者思维：为什么要急着先开口

倾听者的话：人们总是急于表达自己的想法，而忽视对方的意图，这样只会让对方觉得你不知所云。所以，作为一个善于倾听的人，不妨先听懂对方的话再发言。

每个人都想练就出色的语言表达能力，但大家是否认真想过：你想拥有出色的表达能力的目的是什么？如果你没有想过这个问题，那么，即便有再好的口才，你也会发现自己的话语缺乏影响力。

有时候，人们总是追求所谓的表达能力强，而忽视了自己要达到的目的。很多人只想如何让自己成为一个口齿伶俐、滔滔不绝的人，但却忘了使用语言的最重要目的是为了与他人沟通。如果你只想成为一个能说会道的人而忽略了说话的根本目的，那就无异于缘木求鱼、本末倒置。

你可以反问一下自己：喜欢跟什么样的人聊天？是那些自说自话的人，还是善于倾听、不急着开口、反而喜欢揣摩你的心理的人？我想你肯定会选择后者，后者就是倾听者。对于我们来说，倾听者更像一个知心人，懂得倾听我们的内心，而不是一味地陶醉在自己的世界中。既然我们知道了什么样的沟通方式更讨人喜欢，为什么不学着成为这样的人呢？

想成为倾听者，有一个非常好的窍门，就是不要急着先开口说话！很简单的一个方法就能让沟通效果更好。

史密斯买下了一家处在困境的小工厂，前任老板十分高兴地对他说：“你能接收工厂真是太让我意外了，十分感谢你。幸好有你，我才得以解脱，这些懒惰的员工对我的态度越来越强硬，他们对工作一点热情都没有，也从来都不知道感激我这个老板。”

随后，史密斯当上了该工厂的老板，他很快召开了第一次全体员工大会。

在会议上，史密斯并没有宣布对员工们的要求及公布复杂的工厂制度，反而十分坦诚地说：“我希望大家能在这里开心地工作，但我并不知道如何去做，你们有谁愿意告诉我怎么改变才会让你们快乐地工作？”

员工们交头接耳议论了一阵子，都没有主动表态。史密斯十分热情地说：“没关系，什么问题都可以提出来，只要我可以解决，我都会尽全力做，但我想听各位的真心话。”

一位年轻的女员工站了起来：“我想在更衣室里安装一面镜子！”

史密斯说：“没问题，还有吗？”

一位男员工站了起来：“可不可以每天都能洗热水澡？”

史密斯回答：“没问题，明天实施！”

随后，还有几名员工提出了几点小建议，史密斯都一一答应了。

之后，员工们的积极性被调动了起来，他们对工作充满了干劲。其实，这些员工所想要的不过是很简单的小福利，但之前的老板从来都没有认真倾听过员工们的诉求，还自以为是地认为自己是个好领导。一个真正的好领导应具备的首要能力就是愿意倾听别人的意见。

同样的一家工厂，在短时间能有如此大的变化，这都要归功于领导者的沟通智慧。新上任的史密斯与前任老板截然不同，在第一次会议中，他没有先表达自己的管理想法，反而坦诚地请求员工们开诚布公地表达自己内心的需求，结果获得了员工们的支持与信任。其实，员工们的要求很简单，很容易满足。前任老板从来不愿意多听取员工们的想法，而是更喜欢表达出自己的意愿。久而久之，员工们的工作积极性就会大大降低。一个善于倾听的领导者能在第一时间要求员工们表达自己的想法，并将工厂制度做出修正，很快就让濒临“死亡”的工厂重新焕发了生命力。这就是倾听的巨大作用。

有一位教授在课上对同学们说：倾听是一种技能。全体同学都大为不解，难道还有人不会倾听，那八成是个聋子。于是，一位同学坐在椅子上说：“大家都长了耳朵，都能被动地听见声音，怎么倾听还成了一项技能，明明是本能吧！”

教授笑了，回答说：“没错，我们每个人都能听到声音，普通的听也是被动的，但这和倾听不一样。倾听可是要花大工夫的。它需要你把所有的心力都集中在对方的话语中，通过倾听来主动地获得信息，再通过你的思考，给予对方恰当的反馈。这样，你们的交谈才能愉快地进行下去。甚至可以这么说，倾听的重要性远远超出了你的想象。”

那些总是滔滔不绝的人，喜欢把自己的学识展露在众人面前，甚至不给别人插嘴的机会。为了能吸引人们的目光，他们总是高谈阔论。而真正有涵养并懂得说话之道的人则不会这样，他们会把倾听放在第一位，在诉说之前先倾听。

真正的倾听并不单单是把两只耳朵给人家，而是要用你的大脑思考并做积极、正面的反馈。只有当你用心聆听对方的话语时，你才能感受到对方的思想和情感。也只有这样，说话者才会有欲望再跟你聊下去，也才会和你建立起良好的信任关系。如果别人在跟你说话时，你总是心不在焉，仿佛注意力完全不在于此，那么，对方会很快失去与你聊天的兴致。

想成为一个交际高手，要记住一点，就是别急着先开口，要学会先去倾听。有句话说得好："两只灵巧的耳朵胜过十张能说会道的嘴巴。"这句话可能有些夸张，但还是有一定的道理。现代人往往更注重语言的表达，反而忽视了倾听的重要性。如果你不理解这句话，将会在生活中或职场中吃些苦头，甚至会追悔莫及。

在我们的日常生活中，人们纷纷争抢着发言的机会，把自己所在乎的兴趣和需求放在第一位。或者抒发内心的喜悦，或者宣泄着内心的痛苦。对于倾听，人们则变得满不在乎。因为人们不善于倾听，商家渐渐失去了忠实的用户，年轻人失去了一度热恋的爱人……但是，倾听比任何语言都有魅力。

学会倾听将成为你与他人成功沟通的开始。别急着比对方先开口，这会让你错过很多本应获取的有用信息。尝试着在沟通中先倾听对方的想法，这样会让你的交流效果事半功倍。

善于倾听的人一定是一个善于沟通的人。他们通过倾听更好地了解了别人，这更是一种待人接物的大智慧。

倾听者思维：一开口就错，后面也就不用再说了

倾听者的话：如果你还没听懂对方的话，就别急着回答，请耐心询问。否则，你草率的答复只会让对方不满意！

你是否遇到过这样的情况：在一次对你而言十分重要的会面中，你事前为此准备了很久，然而，没说几句话，对方就完全失去了耐心。随后，此次沟通也以失败而告终。我想很多人都经历过类似的情况，本来为了重要会面忐忑了很久，结果却“莫名地”以失败告终，实在叫人沮丧。然而，这样的结果真的是很“莫名其妙”吗？很多时候，我们会把原因归咎于对方，认为沟通对象是个不善于理解别人意图的人；或者对方是个十分刻薄的人，会因为一些琐碎的事情吹毛求疵、鸡蛋里挑骨头。

“这完全不是我的错，是对方太古怪。”有了这样的心理，你自然就觉得结果很“莫名其妙”。但是，真正导致沟通失败的原因可能是你一开口就偏离了话题的主旨，让对方产生了不好的第一印象。试问，你对自己不喜欢的人是否也会有耐心地认真听他（她）说话呢？我想：答案一定

是否定的。

在生活中或工作中，我们经常要面临很多重要的会面，比如让很多求职者煞费苦心的求职面试。想要获得一份理想的工作，首先要通过面试这一关。在面试中，我们经常会被问到这样的问题——你之前的工作怎么样？为什么要选择离职？其实，大多数情况下，对方不过是例行公事。你只要回答上一个公司由于发展前景不好而失去竞争力，自己已经十分努力了……就能轻松应对。此时，千万不要错误领会为对方想听你的抱怨。如果你回答："上一家公司的老板人品太坏了，我们公司的企业文化多么差劲……"这样，面试人员一定会觉得你满是怀才不遇的抱怨，把自己的失败全部归罪于公司，很快就对你失去了兴趣，面试的结果也可想而知。

无论在什么场合，你一定要注意对方的提问，揣摩对方提问的意图。不要还没理解对方的提问意图，就做出草率的回答。如果你开口第一句就错了，后面说得再多，也不过是加深对方对你的误解。而且，"所答非所问"很容易让提问者对你失去耐心，并对你产生不好的印象。所以，想要成为一个人际沟通高手，就必须要学会听懂对方的话语，明白对方提问的意图，然后，再根据客观情况做出让人满意的回答。

与人聊天或者探讨问题的时候也不要急着下结论，当你弄清事情的是非曲直之前，不轻易下结论可以为你赢得思考问题和权衡利弊的时间。

要多倾听对方的话语，有时候，你没有考虑到的东西，在对方的话语中能得以补充，让你的观点更为全面、正确，这样才会让你做事更加顺利。

1956年，美国和苏联的两国首脑会面谈判。每当苏联的赫鲁晓夫说完一段话或提出一个问题之后，美国总统艾森豪威尔都不急着给出答案，而是转头看着国务卿杜勒斯，杜勒斯会递给他一张纸条，上面写着如何应答。随后，艾森豪威尔才慢条斯理地应答。这种“慢半拍”的反应让赫鲁晓夫觉得艾森豪威尔是个无能且反应迟钝的人。于是，他满带嘲讽的语气问：“请问贵国谁才是最高领袖，是艾森豪威尔先生还是杜勒斯先生？”

……

实际上，表面上看起来有些迟钝的艾森豪威尔其实是个大智若愚的人，他这种不草率回答对方问题的方式给自己留出了思考问题的时间，在获得助手的意见之后，他才最终回答对方的提问。这种谨慎、耐心的行为方式往往能让其给出最恰当的答案。相反的，赫鲁晓夫是一个行事张扬的人，会很快被对方抓住弱点。

大家从艾森豪威尔的例子中应该能够看出，真正会沟通的人并不一定要表现出威风、盛气凌人的姿态，耐心思考、谨言慎行才是一个成功人士的特点。

与他人沟通的过程中，没弄清对方要表达的意思之前，不要妄下结论，耐心、完整地听完对方要表达的意思后，尽可能地排除思想中固有的观念，再做出结论，这样才是最明智的做法。

销售是最考验一个人沟通能力的职业，那些销售精英大多具有超高的情商，他们的表现总能让客户十分满意。反之，那些失败的销售案例也能从侧面反映出沟通失败的原因。

一家房地产商在售卖楼盘。在销售中心里，销售员小张热情地接待了一位中年女性。小张向这位女士推荐了最为适合她的户型，在双方的交流中，氛围十分融洽，顾客十分满意。但是，这位女士要办理购买手续的时候却开始犹豫了。最终，这位女士并没有购买房产，交易没有完成。

销售主管认为一定是小张在服务的时候出了什么问题，叫他好好反思，汲取教训。小张杵着头，思索着事情发生的过程，想起沟通全程都十分融洽，实在找不到客户放弃的原因。于是，小张找到了客户的电话，并拨打了过去。很快，电话接通了，小张直奔主题："非常抱歉再次打扰您，我是刚才售楼的小张，我反思了好久，实在不知道问题出在了哪里。为什么我们交流得那么融洽，您最终还是没有购房，可以告诉我原因吗？我专门向您请教，请您直言以告！"

"你真的想知道吗？"

"真的，我十分想知道到底是为什么！"

"好吧，那我问你，买房时，你有用心听我说话吗？"

"有，我非常用心地在听！"

"不，我并不这么认为。在办理购房手续之前，我曾提到我的儿子即将进入一所全国重点大学学习，我说了关于他的成绩、能力和未来的远大抱负，我十分引以为荣。但是，在我说的时候，你却毫无反应。可见你根本没有用心听我讲话！"

小张回忆起顾客说的这段话，好像就在签订合同前说过，脑海里又十分模糊。当时，他以为这单生意已经成功了，就没有再用心听对方说什么，光顾着自己高兴了。

其实，像上述这样的消费者大有人在，他们在消费的同时，更多地需要别人对他们引以为傲的事情认同。现实生活中也是如此，当对方将自己十分骄傲的事情表达出来时，他们此刻最想听到的是什么？一定是你的称赞和敬佩，别无其他。如果你不懂对方的这种心理，后面的话可能你就不用再说了，因为对方已经对你有意见了，不想再听你继续说下去了。

我们在生活和工作中要培养良好“听话”的习惯，耐心听完对方想要表达的所有意思，之后做出适当的评论和回应。

在一些重要的会谈中，大家应该按下面的几点建议做，可能会收到好的沟通效果。

第一，不要急于回答对方的提问，可稍加思考，甚至用笔记下来，这样会帮助你分析对方的问题。

第二，当你对别人的问题感到疑惑的时候，可以再次询问一遍，对方可能会换一种你更容易理解的方式告诉你。不懂的时候，不要不懂装懂。

第三，在说话的时候注意对方的眼神、姿态，大多时候，你的话语是否得当观察对方的神态就能看出来。比如，当你在回答对方的问题时，对方皱起眉头或者叹气，这一定是你的答案与对方的意图有矛盾，或者所答非所问。如果出现这种情况，最好停下来或慢些说，以探求对方的真实想法。

总之，想成为一个高情商的沟通者，开口说话的第一印象十分重要，为了避免陷入“一张口就说错”的窘境，就要学会倾听。

说话者思维：占有了话语权，却失去了主动权

倾听者的话：并不是占据话语权就等于说服了对方，一味抢着说话只会让对方无话可说。

我曾在网络上看到这样一个求助事件：女孩小张找了一个男朋友。男方不仅家境好，身高、样貌也都很符合小张的心意，大家一定会觉得小张是个幸运的女孩儿。可是，没多久小张就抓狂了。因为每次晚上电话聊天的时候，男朋友总是不停地叙说自己身边的事情，丝毫不给小张插嘴的机会，一说就是一个小时。休息一会儿后，小张刚聊起自己的话题，男方就又把话题拉回自己身上……就这样，整个晚上都是男朋友在没完没了地诉说自己的经历。到了睡觉的时间，男朋友终于累了，停了下来，这让小张实在无法容忍，便向网友求助。

不知道你在日常生活中是否也遇到过类似小张男友这样的人。他们总是自顾自地说着自己的经历，一说就停不下来，让旁人根本插不进话。等你好不容易把话题转了，对方很快又将话题拉了回去。这一类人会让

人感觉他们对身边人都漠不关心，与他们聊天的人不过是他们的“情绪垃圾桶”。他们把负面情绪通过诉说的方式发泄出来，遇到愉快的经历也分享给身边对此毫不关心的人。虽然这些都无可厚非，但他们最让人感到可恨的不是这点，而是当他们说完了自己的快乐和悲伤之后，马上就与你停止了交谈。他们并不在乎你的经历，也根本不会让你倾诉。所谓的互诉衷肠成了单方面的发泄和抱怨，这样的朋友真的让人无法忍受。

很多时候，我们一味地追求自己倾诉的愉悦，而忽视了对方也有诉说的需求。现在，我们必须懂得交流是相互的，总是把话语权攥在自己手里的人是没有办法与人正常交流的。虽然你在交流中占尽了话语权，但你得到的全是别人的厌烦，难道这是你最终想要得到的吗？所以，想要成为一个沟通高手，不光要有好的口才，还要有两只愿意倾听的耳朵。

戴尔·卡耐基是一位人际关系学家，他曾经给人们讲了一个亲身经历的故事。

有一天，戴尔·卡耐基参加了一场晚宴。在宴会期间，他碰到了一位十分有建树的植物学家。这位植物学家喜欢与别人谈论自己工作上的研究成果。当然，戴尔·卡耐基对此领域十分陌生，他基本没有开口说过几句话，都是全神贯注地听着。这位植物学家在讲到自己研究的有关外来植物和交配新品种的许多实验时，甚至唾沫横飞，目光如炬。

晚会结束之后，这位植物学家向自己的朋友介绍戴尔·卡耐基时称赞他是一个十分有趣的谈话高手，在与他的交流当中，自己十分愉快，戴尔·卡耐基的话也很能鼓舞人。可是，在当时的交谈过程中，戴尔·卡耐基几乎都没有说话，只是细心地聆听，没想到却得到了对方这么强烈的好感，他自己都觉得十分不可思议。

最后，戴尔·卡耐基得出了如下结论：聆听不仅仅是对别人的一种尊重，它还能带来很多意想不到的好处；倾听能给予说话者肯定与鼓励，拉近双方的关系；善于倾听的人往往在与陌生人的交际当中更容易获得信任与友情。

想要改善人际关系，我们就要养成良好的倾听习惯。不要一味地追求话语权，说话过于强势会让别人感到厌烦。如果你是一个善于倾听的人，在倾听别人说话的过程中，认真体会对方的感受，给予积极的回应，会取得意想不到的效果。由此可见，并不是占据话语权就能获得主动权，有时反而完全相反。如果你不相信，请看下面这个在现实中发生的故事。

小宋是一家复印店的老板。前几天，有一家公司想购买他的旧打印机。小宋十分高兴，自从买了新机器之后，那台旧的已经很长时间没有用了，正打算如何处理给别人。没想到，生意自己找上门了，他心中盘算：要以 270 元的价格卖出去，并想好了理由。

第二天，客户来了，开始打量这台旧打印机。从表情上，可以看出对方有些不满意，一定在想如何贬低这台机器的质量来降低价格。小宋在心中默默说："一定要沉住气！"接着，客户开始滔滔不绝地说起这台机器的缺点。但小宋却始终保持沉默，一言不发。结果买方有些急了，说："就这台旧机器，我最多给你 350 元，多一个子儿我都不给！"

小宋没有急着答复，而是自顾自地忙起自己手中的工作。最后，这台打印机以 380 元的价格卖了出去。

等买方走后，小宋深深地叹了一口气，说："幸好我沉得住气，差点就少赚了一百多元！"

之后，小宋跟家人和朋友谈起这段销售经历时总结说：很多时候，沉默也是一种较好的反馈方式。

在购买商品时，我们经常看到一些销售人员的话仿佛永远都说不完，不仅快而且还停不下来，完全不给客户插话的空间，直到交易结束他们才从滔滔不绝中停下来。然而，这种说话风格往往会让客户产生厌烦的情绪，最终不欢而散。适时的沉默有时却能得到意想不到的收获，就像小宋一样，如果他急于同对方辩解，一定会给人造成一种心虚的印象，生怕自己的商品卖不出去。小宋采取沉默的方式，买方只管自顾自地砍价，小宋却一言不发，仿佛对自己的商品很有信心，就像在告诉对方："你爱买不买，以现在这个价格，愿意购买的人很多，不缺你一个！"这种自信的态度达到了一种"无声胜有声"的效果。与其拼命地争夺话语权，不如以逸待劳，这样更能达到自己的目的。

也有人说，在交流中如果没有主动权，怎么表达自己的观点呢？我在这里要告诉大家几点，大家可以参考使用。

首先，如果想要对方接受你表达的观点，你就要注意表达的方式、方法。很多时候，人们大都接受不了滔滔不绝的长篇大论。相反，如果你能容忍对方的长篇大论，并且在充分满足了他们的表达欲望的时候进行观点表述，其效果往往会更好。

其次，如果你的观点只是表明一种态度，而不在于对方是否信服，那应对的办法就更简单了。如果你不是为了说服对方，又何必浪费口舌呢？你只要在关键时间点、关键话语中把自己的观点表达清楚，让对方和旁观者了解你鲜明的态度，不就可以了吗？

成功的交流绝不是一味地抢占话语权。相反，学会倾听会让你更受欢迎。想要把握事情的主动权，不妨从让出话语权的倾听开始。

倾听者思维：双方同时说话，那叫对骂

倾听者的话：双方同时开口，谁也不能明白对方的意图，反而可能引发更激烈的争论。大家不妨停下来，听清对方的话，一方说完另一方再说，这才是交流。

很多人对自己与父母之间的“代沟”很苦恼，“我与父母完全不可能交流”似乎成了他们的共识。和父母是不是真的很难交流呢？让我们来看看下面这两个场景。

场景一

一个上大学的女孩儿刚刚放假回家，在家“宅”了两天，没有出屋。

妈妈：“你天天就知道在家里待着，你看看你阿姨家的小祝，人家都知道利用假期把驾驶证考下来。”

女孩儿：“我不想考驾驶证，我想在家待几天……”

妈妈：“我看你啥都不想，整天跟个废物似的……”

场景二

一个男孩儿在公司累了一整天，回家跟父母抱怨。

男孩儿："我这个破工作太无聊了……"

妈妈："就你整天无聊，人家怎么不说无聊……"

男孩儿："人家说你也听不到呀！"

妈妈："我听到也没见谁有你这么多怪话，你看那谁家的……"

上面两个场景想必在每个人的生活中都曾出现过。我在这里要提出一个观点：你可以试着变换一下视角，如果上面的场景不是家长和孩子，而是两个身份相等的人，是不是就完全不一样了呢？答案是肯定的。两个身份相等的人，只要不是互相故意找麻烦，是不可能这样交流的。这也就是我要说的一点，日常交流中，抢话说、抬杠、故意找麻烦都是不可取的。如果有这样的事情发生，那就代表着一方是在"找架吵"了。

两边同时说话，并且各执一词、各不相让，这多像是在"对骂"。其实，这种场景和"对骂"相比也不过就是差了几句脏话而已。

两个平常关系不错的朋友，在看待同一事物时意见相左。于是，为了说服对方，双方开始争夺话语权，谁也不让谁，声音渐渐地越来越大，在观念上不能压倒对方，就在声音上压倒对方。然后，两人争得面红耳赤，连本来要好的关系也出现了裂缝。这种同时发声、互不相让的交流方式到底有什么好处呢？在我看来，几乎是没有的，不仅双方的情绪受到了很大的影响，在道理上也没争论出个高低，人际关系反而搞僵了。所以，在交流的时候，聪明的人绝不喜欢和人硬碰硬，他们往往喜欢用睿智的方法转移话题，从而缓和气氛。

当对方反对你的意见时，我们应该首先想到："关于这个观点，我可不可以在无关大局的前提下让一小步？”当然，这种让步的目的是为了让沟通气氛更融洽。有时，为了避免无谓的反对，我们还可以暂时收回自己的意见。那些倔强的反对者往往会因为不服气而越发执着于对你的攻击，此时，最好的方法就是暂缓问题，不要立刻急着去解决它。给对方和自己思考的时间和空间，当大家都冷静、理智下来之后，才能做出明智的决策。

卡耐基在小时候最喜欢做的事情就是跟哥哥抬杠，他们抬杠的范围遍及了世界万物。等他上了大学后，他就参加了各种各样的辩论赛，他所参加过或者观看过的辩论赛达到数千场之多。然而，他之后在纽约讲授辩论和演讲技巧时，却得出了这样一个结论——在争论中永久获胜的唯一方式就是避免争论。

杰克逊在缴税时与一位政府稽查员争论了1个小时之久。双方都互不相让，喋喋不休。杰克逊表示这笔1万元的款项就是一笔死账，永远也不可能收回来，当然也就不需要纳税。可是，稽查员却反对：“死账，你这是胡说，你必须纳税！”杰克逊在稽查员冷漠、固执的表情中看出：无论再如何争辩，可能只会让这位稽查员更为顽固。于是，他决定回避与对方的争论，适当改变一下话题，给他一些赞赏。

杰克逊真诚地对稽查员说：“我想这件事与你必须要做出的决定相比较，应该算是一件比较小的事情。我对税收方面也有所学习，但我不过是个书呆子，学的全是课本知识，没有实践经验。如果你能教我的话，我想我可以学到不少宝贵的实践经验。”

看到杰克逊如此谦虚的请教，傲慢的稽查员从椅子上挺身而起，向他讲了很多工作上的经历，以及一些能够巧妙避税的方法。渐渐地，稽查员的声音也变得柔和起来，再过一会儿，他还讲起了他的孩子。当稽查员走之前，他告诉杰克逊要重新考虑之前争论的问题，3天之内给他答复。结果，两天后，这位稽查员来到了杰克逊的办公室，他同意了杰克逊的观点。

如果在争论时，双方都针锋相对，只会让双方都心存芥蒂，甚至心怀仇恨。

有大智慧的人在与他人观点不一致时，不会为了证明自己的观点的正确而展开唇枪舌剑般激烈的论战，他们更喜欢用实际行动来证明自己的观点，最终达成自己的目的。

再让我们回到本节开始时的两个场景当中。

场景一

妈妈："你天天就知道在家里待着，你看看你阿姨家的小祝，人家都知道利用假期把驾驶证考下来。"

女孩儿："妈妈，我觉得现在对我来说考驾驶证还是有点早。不过，您说得对，我应该利用假期做点什么。您给我两天时间让我想一想，有什么事情是能够让我把时间利用起来的。"

…………

场景二

男孩儿："我这个破工作太无聊了……"

妈妈："就你整天无聊，人家怎么不说无聊……"

男孩儿："您说得对，我确实不能抱怨，我应该向别人学习认真工作的态度。您把那谁家的谁的联系方式给我，我好好向人家请教请教。"

…………

只要不试图去和家长抢白，“代沟”就会消失。所以，你必须要明白一点：你的表达欲再强烈，也不要试图去和别人抢话。一旦两个人一起开口说话，交流瞬间就变成了“对骂”。

越是激烈的论战越不能说服对方，这种争吵不但不能解决问题，反而会让双方产生矛盾。因为人们往往会因此而陷入情绪的陷阱，被愤怒的情绪所支配。想要化解这种不利的局面，我们就要学会停下来，避免与对方同时发言，多一些耐心和包容。随后，采取一些说话技巧，让对方慢慢接受你的看法，这才是好的解决办法。

倾听，从引导对方说话开始

——你愿意听，对方却不愿意说

“尬聊”，为什么有些人不愿意跟你说话

倾听者的话：如果你的沟通只是尬聊，那还不如不聊。

不太会交流的人经常会有这样的困惑：本来双方对会面都很有期待，但却完全聊不到一起去，经常出现冷场，这到底是为什么呢？冷场，我们现在有一个新鲜的名词来形容，那就是尬聊。所谓“尬聊”，就是不懂得聊天的技巧，进而陷入尴尬的境地之中。

尬聊一般分为两种情况，第一种情况是没话可说硬要说。

很多人不会聊天，但又想和他人持续交流和深入交往，就难免陷入一种“没话找话”的窘境。他们往往是想到什么说什么，既不知道要怎么在谈话中获得自己想要的信息，也不明白如何才能给谈话的对方良好的沟通体验，用老掉牙的话题和简单无比的对话内容让对话变得索然无味，毫无内容。比如，“你吃了吗？”“今天天气怎么样？”这种一点意义也没有的对话基本上宣告了一次沟通的失败。

有些社交恐惧症患者更是夸张，一旦和别人交流就会脑子空白，不

知所措，完全不知道应该如何参与对话，只会用“嗯”“啊”“好的”“没错”等短语来回应谈话的另一方。

产生尬聊的原因主要在于谈话人本身。如果一个人对生活没有热情和兴趣，他不会关心花在什么时候开、哪一家菜店的蔬菜质量更好、哪个周末游玩的地点有趣这些事情，也就不可能在和别人谈话的时候想到什么有趣味的话题。

现代社会中，便利的生活方式虽然让每个人有更高的独立性，但也催生出了不少“宅人”，他们吃饭靠点外卖，工作在家中，能不社交就不社交，能不出门就不出门，沉浸在自己的世界里。这些人一般只对自己喜爱和擅长的狭窄领域有所了解，和社会的潮流、热点几乎脱节。

尬聊第二种情况是有话可说更尴尬。既然有话可说，为什么会尴尬呢？

有一些人对谈话的内容做了充分的准备，找了不少段子和故事，一开口就滔滔不绝，但就在他们自我感觉良好地不断输出信息量的同时，他们的谈话对象往往很沉默，也很敷衍。

我们总以为自己的思维可以被他人接受，却忽略了人和人之间由于生活方式、职业经历等的不同，往往思维方式、兴趣点也天差地别。我们既要提高自己的共情能力，也要经常设身处地地思考谈话对象的心理感受，将心比心，才能避免聊天时的尴尬。

要避免在对话中出现尴尬，需注意以下几点。

第一，你不能让自己成为一个无话可说之人，要关注生活中的细节，把握社会潮流和热点话题，丰富自己的精神世界，扩展自己的阅读面，争取对各种话题都能应对自如。

第二，在日常生活中留意他人的说话技巧，抓住每一个和他人对话的机会锻炼自己的对话技能。

第三，尊重谈话对象的感受，不随意打断对方的话，努力体会对方的心情。

会听比会说更重要，尬聊的最终根源仍然是不懂得倾听。对于一个没有掌握高超沟通技巧的人来说，如果实在不懂得说些什么，那就把话语权给对方，让对方来引导谈话，也是避免尬聊的好方式。

让鱼开口吃钩，你先要了解鱼爱吃什么

倾听者的话：你想让对方开口说话，就要知道哪句话能真正说到对方的心坎上。

在家长的牵线下，在机械学院读研究生的赵可去和一个艺术系的大三女孩相亲。他对这个女孩很有好感，问了女孩很多关于未来打算的问题，也问清楚了这个女孩的学历、家庭背景等个人情况。

赵可听闻女孩要考研，便一直介绍自己的考研经验并鼓励女孩好好学习，还给女孩分析了当前艺术领域的考研前景。

他们的谈话进行得很融洽，也没有出现冷场的情况。然而，这一次见面后，女孩再也没主动联系过赵可，赵可对女孩的约会邀请也总是被女孩找各种借口推托掉了。

在上例中，在与女孩的交流中，赵可不知不觉地将自己摆在了说话者的位置上。赵可只考虑了如何获得自己需要的信息和倾诉自己掌控的

信息，以为自己对谈话节奏的掌控能够引起女孩的兴趣，顺利与女孩交往。然而，这种自以为是的说话者姿态会让女孩觉得自己在赵可面前只是一个被支配的听众。

赵可自顾自地对自己的经历滔滔不绝，却没有表现出对女孩的兴趣爱好和个人气质的一点点好奇。在知道女孩学的是艺术专业之后，赵可没有问一问女孩喜欢哪些艺术家和艺术流派；在知道女孩打算考研之后，赵可也没有问一问女孩为什么挑选了这个专业作为自己的学术方向；在知道女孩的人生规划之后，赵可没有想一想女孩的人生规划所体现的价值追求。女孩其实对相亲应该是充满了期待的，但她等了又等，始终没有等到赵可对自己兴趣爱好的好奇询问。所以，她最终认定赵可是一个只想着夸耀自己的自大男。

在人际交往过程中，我们经常不知不觉就选择一条错误的道路，那就是把自己的喜好当成别人的喜好，从而用自己的感受去推测别人的感受。这种情况每时每刻情况都在发生，因为人总是习惯以自我为中心，而把他人当成陪衬。

如果你想要让谈话达到一个好的效果，想要真切地了解他人的感受，想要解决他人表面迎合自己而其实对自己不屑一顾的困境，你首先要做的就是克服“说话者思维”的惯性。转变心态与思维，把说话的欲望控制好，然后在对话的进程中学会以对方为中心。

惠子说：“子非鱼，焉知鱼之乐？”这句话是说，人终究无法对自身之外的事物的感情感同身受。但是，庄子马上接了一句：“子非我，安知我不知鱼之乐？”两位先哲谁是对的，思维哲学的思辨太过深奥，我们不得而知。但是，从人际交往中看出对他人喜好和情感的体察并不是一件简单的事。

高山流水遇知音的故事大概是人际交往中境界最高的交流范本。古代的钟子期通过俞伯牙的琴声就能听出他的志向和情操。虽然我们没有听音辨人的高超技巧，但在日常生活中，我们仍然有一些方法能通过与他人的对话了解对方的爱好和兴趣所在。

首先，观察你的谈话对象，从谈话对象身上的细节引发一些话题，从而得到他（她）的反馈。例如，你和一个背着印着动漫人物的包的小伙子聊天，你可以询问他喜欢哪一部动漫，为什么喜欢这个动漫。再如，你和一个用某个明星的照片做手机屏保的女孩聊天，可以询问她追星的心路历程，从而在她心里留下一个“有共同语言”的好印象。

其次，认真倾听对方的每一句话，在谈话中引导对方透露出情感倾向信息。例如，对方透露了自己的专业领域，你就可以询问对方喜欢专业领域的哪一位学者或者哪一个流派。再如，对方透露了自己的一技之长，你可以询问对方喜欢按照什么方法学习。再如，对方在言谈中对某个领域的事情显得特别了解，你就可以把话题向那个领域引导，好打开对方的话匣子。

需要注意的一点是，在对方透露了自己的喜好的时候，你需要表现出好奇心，即使你并不感兴趣，也听不懂对方在说什么，你也一定要认真、专注地听完。

最后，如果你与对方有共同爱好，一定要围绕着共同的话题建立起初步的情感联系。如果你们没有共同爱好，你也可以表现出对对方相近爱好的兴趣，请对方向你介绍你可能感兴趣的领域，从而发掘出你们的共同爱好。

会听比会说更重要。只有懂得倾听别人的话，引导对方表露自己的喜好，才能更进一步地了解对方，拉近彼此的距离，进一步激发对方将谈话进行下去的热情，从而听到更多的话，也让对方更爱听你说话。

话题黑洞，那些 10 秒钟结束聊天的“本事”

倾听者的话：有些人一开口，就能让火热的气氛迅速变凉。其实，他不是故意砸场子，只是不懂倾听。

生活中总有那么一些人，和他们说话你会觉得话题被终结的速度太快，你想说话都没办法继续。

学计算机专业的张明是一个话题终结者。他感到很苦恼，所以向一位很擅长谈话的企业高管李玉请教如何才能学会将话题接续下去的技巧，李玉先问了他以前那些很快结束的对话是怎样的。

张明说：“有人说我身上穿的衣服很好看，问我在哪里买的，我回答说这件其实很一般，最好别买。有人问我喜不喜欢某本书，我回答说我对这本书的内容全不懂，不知道喜不喜欢。和家里人打电话，家里人问我过得好不好，我就回答好。还有一次，一位女孩和我搭话，问我编程的基本知识，我发给她一个公开课地址让她好好看，她就再没给我发过消息。”

李玉点了点头：“我知道了，你是不是在给人发消息或者回答别人的问话的时候还特别喜欢用语气词？”

张明说：“没错，我经常一个语气词发过去，对面就不再给我回复了。”

在上例中，张明对于自己没办法让对话继续下去的原因很困惑，他甚至不知道自己错在哪里，他觉得自己只是说出了心里话。从旁观者的视角来看，张明之所以变成“话题杀手”完全是自作自受。下面，我们来分析一下一个“话题杀手”一般都具备哪些“武功”。

“话题杀手”第一式：杀死对话请求。

当“话题杀手”在谈话刚开始时被问到一些他（她）知道的信息时，就像张明被问到他的衣服在哪买的一样，他（她）的第一反应并不是“询问人一定有需要这个信息的理由”，而是“我可以判断询问人究竟有没有需要这个信息的理由”。

在谈话刚刚开始的时候，有足够的信息量让“话题杀手”判断询问人需不需要这个信息吗？一般来说是不可能的。在一开始就杀死了话题的“话题杀手”，并不是根据对方提供的信息去判断自己要不要提供答案，而是仅仅通过自己的主观臆断，认为对方不需要这个信息。令人遗憾的是，询问人往往是想通过这个被询问的信息开始一段谈话，他（她）的询问仅仅是想要引起被提问人的兴趣的随便一问，是开始谈话的契机。而这样的契机在“话题杀手”随心而动的嘴里就很容易被抹杀，从而形成无话可谈的局面。

“话题杀手”第二式：几乎为零的信息量。

“话题杀手”在对话中用“嗯”“哦”这样的语气词回答别人的说

话，是一种非常惹人讨厌的回话方式。当对话人给了“话题杀手”信息和情感之后，“话题杀手”却没有给别人任何有意义的反馈。还有，“不错”“还行”“很好”这样的只有两个字的回答话语也会显得回答者非常敷衍，大大挫伤对话者与回话者谈话的兴趣。除了这些一两个字的回复，“不知道”“不清楚”这些词组也是话题开始时的大杀器，一旦被拿出来，对话很难不在刚开始时就戛然而止。虽然“知之为知之，不知为不知”是圣贤之言，但话头刚刚起来，如果你不知道这个话题的内涵，也可以询问开启这个话题的人相关的内容，而不是直截了当地说不知道。

张明如果用“我没看过这本书，如果你看过，你能给我介绍一下吗”代替“我没看过这本书，我不知道我喜不喜欢”，这个对话也许不会太长，但至少不会在10秒钟结束。

“话题杀手”第三式：过于高深的专业话语。

在日常聊天中，一些“话题杀手”剑走偏锋，擅长的是在平常的问题里挖掘知识的深度。明明只是一个普通的话题，比如某一道菜应该怎么做，他们并不是靠着自己平常的经验进行对话，而是找出各种很专业的菜谱和方法来照本宣科。当有人请教他们专业领域的问题时，他们就更加不能浅显易懂地说明事情的原理了，各种术语听得人头晕。

当对话者开始怀念过去的某个时刻，和他对话的人却开始说起穿梭时空回到过去的虫洞有多大的可能性，这种对话是不可能进行下去的。那个来问张明编程基本知识的姑娘，难道她不知道网上有很多公开课，不知道书店里全都是相关资料吗？但是，她选择来问张明，或许是希望张明来领她入一下门，能降低一下她自己学习的难度；或许是希望张明只给她介绍一下最简单、最抽象的东西，让她有一个大概的印象就行；或许她只是找一个由头想和张明聊聊天。无论这个姑娘出于什么动机来找张明，张明怕是再也收不到这个姑娘的下一条消息了。

如果你是一个“话题杀手”，你能做什么来改变自己呢？

你需要尊重他人的请求，在谈话开始之后尽量满足他人的信息需求，展现你的好奇和兴趣。不要用几个字的回答去敷衍他人，实在不知道说什么，就在面部表情上展现诚意，并且学会转移话题。千万不要急于卖弄自己的学识，也不要故作高深，破坏聊天时的轻松、随意的氛围。

盲人耳边别聊电影

倾听者的话：有些人想通过话题打开对方的“话匣子”，却不小心让话题触到对方的“逆鳞”，自然就得不到想要的沟通效果。

俗话说，尺有所短，寸有所长。每个人都有自己的长处和短处，每个人也都有自己的心理舒适区和心理敏感区，在谈话中避开谈话对象的心理阴影区和敏感区，是谈话能顺利进行下去的重要保障。

小丽在公司里人缘很好，但心思敏感、细腻，又因为喜欢吃各种美食而身材偏胖，工作时间紧也没有时间健身和减肥，一直对自己的体形问题很在意，但从来不向人表露。身材苗条的小婉性情活泼，喜欢开玩笑，有些口无遮拦，在公司里朋友很多。小婉和小丽关系也不错，经常聊天。有几次小婉拿小丽的体重开了玩笑，小丽虽然表面上不在意，但心里非常反感，从此渐渐和小婉疏远了。

阿城由于当年高考英语失利，对学习语言有些阴影，大学英语水平一直不高。工作后，单位进行英语考核，阿城每次分数都踩着及格线，基本是垫底的。但是，本来关系不错的同事阿乙每次都要询问阿城的考核成绩，并且不断提醒阿城应该继续努力，不然影响优秀员工的评选。阿城本来就无心竞争评选，只觉得不堪其扰，所以，和阿乙关系淡了下来。

上面的事例中，小婉并没做错什么，她只是用自己一贯的方式去对待所有的朋友，或许在她心里小丽不应该这么开不起玩笑。但是，作为谈话的其中一方，她没有考虑到小丽的心理敏感区可能在身材这方面。朋友在谈话中是不可能没有距离的，掌握好开玩笑的分寸和谈话的距离也是身为朋友应该做的事情。而阿乙则是好心办了坏事。阿城的英语成绩是他的一块心病，阿乙作为同事，反复戳人伤疤还不自知，自以为是在鼓励阿城进步，确实非常令人反感。

一个周末的晚上，李鹏飞约了几个好朋友一起到家中小聚。他们平日感情很好，还都喜欢看球赛。这天晚上，他们一边吃着火锅，一边看着球赛，其乐融融，气氛特别融洽。这些朋友中有一位叫王亮，他前一段时间做生意失败了，最近总是垂头丧气、闷闷不乐，李鹏飞为了让他高兴起来才邀请大家一起聚聚。在热闹的环境下，王亮也渐渐情绪好转，开心地跟大家聊起了天。

朋友聚会免不了喝酒，酒一喝多，这嘴就没个把门儿的了。几个朋友开始各自吹嘘了起来。其中一位说：“最近这生意做得真不错，赚了不少钱，我家那个败家娘们儿总想着带孩子出国旅旅游……不过，我估计我手头的这个项目还能让我狠赚一笔，到时候我换辆新车，带你们哥几个出去玩！”这牛吹得越来越大，语气中的自负多少让其他人有些厌烦，大家都冷冷地看着他。看到大家都不怎么搭理他，他就想着换个话题，看到身边的王亮便说：“咋样啊？兄弟，听说最近你挺难啊？谁让你当初不跟我干，要是你当时跟我合伙，我保证你现在都年薪过百万元了！有好事，我带着你，以后跟着我有肉吃！”

王亮一脸严肃，怪声怪气地说：“我这么穷的人哪能高攀上你？”然后，王亮假装去趟洗手间，便悄悄地离开了李鹏飞家。王亮刚走到楼下，李鹏飞很快就追了上来，一边解释，一边赔罪。没想到，不一会儿，王亮眼圈红了，略带哭腔地说：“这人也太过分了，在我面前臭显摆什么啊？我到今天才明白，只有你这样的才是我的真兄弟，那种人只会落井下石，真不是人！”

我们在与他人交谈时，一定要注意对方所处的状态。如果对方正值失意时，千万不要在其面前说自己如何得意，那样一定会招来怨恨。反之，对于失意的人，我们要用同情的态度倾听他（她）的苦恼，让对方把自己的苦闷、烦恼发泄出来。多听少说，找到适当的时机帮助对方出谋划策，身体力行地帮助对方摆脱困难。这样，你表示出你的真诚和理解，对方一定会感激你的。另外，我们还可以多跟失意的人谈谈未来，让他们把眼光放长远，此一时的艰难让他们感觉生活都是灰色的，但你与他们畅想未来可以让他们看到希望和光明，这种对未来的渴望可以让他们更快地振作起来，重新迎接新的生活。

我们如何才能知晓对方不喜欢谈及的弱点和领域，其实也是一门非常难的学问，需要一点点积累经验。

首先，要学会最基本的社交礼仪，不要随便拿女性的年纪和体重开玩笑，不随便问男性的工资和家底，不要随便问别人家的小孩的学习成绩，对老人表示尊重和照顾，不要问老人的配偶是否在世这样的敏感问题。

第二，在涉及一些可能敏感话题的谈话中注意对方的面部表情和语气变化。如果对方的眼神中流露出不安和不满，甚至有些皮笑肉不笑，并且马上转移了话题，说了没两句就假装有事结束了对话，那你要警惕这个话题，下一次不要再在这个谈话对象面前提起。

第三，扩展社交面和社交对象，从其他的渠道获取关于谈话对象的信息，提前规避谈话时触到敏感区的危险。如果结识的人多了，获得的消息也就多了，就能知道更多人的弱点或者雷区。

如果对自己察言观色的功力没有信心，避免触到别人雷区的最好方法就是广泛地寻找安全话题，如娱乐八卦、时事新闻、畅销书籍、电视电影等。不要涉及比较私人，甚至关乎自尊和自信的话题。

有一句俗话是：“交浅言深，人生大忌。”在与谈话对象的关系没那么近、没那么好的时候，不要轻易谈论过于深入的话题，轻易吐露自己的秘密和隐私，不仅对自己有害，也对对方无益。

成为别人需求的人，你就不用主动开口

倾听者的话：“操千曲而后晓声，观千剑而后识器”，想要积累谈资，你得努力学习各种知识，丰富知识储备。

我们经常发现这样一种奇怪的现象，有些人沟通能力一般，甚至不太擅长引导别人说话，但他们在社交场合总是如鱼得水，围绕他们身边的话题总是不间断地出现，所有人在他们身边都感觉很自得，这是什么原因呢？

某次社交聚会上，腼腆的赵博士一直很沉默地坐在角落里，看着大家或是三五成群地交谈，或是走来走去地“串场”，热闹的场景让赵博士觉得自己似乎有些多余。

没过多久，一位女士来到了赵博士身边，主动和赵博士攀谈了起来。虽然赵博士不善言辞，但这位女士不停地说，还是让赵博士感觉很惬意。没过多久，又有一位先生来到了赵博士的身边，也加入到了交谈中。接

着，又有人过来了。这样，赵博士的身边就聚集了一群人，大家围绕赵博士热烈地交流，赵博士只是偶尔说几句话，就能瞬间引爆气氛。

为什么会有上面的情况发生呢？原来，赵博士是一位前沿医学专家，这些人都是来找他咨询医疗健康问题的。围绕着这个主题，大家可聊的东西太多了。

现在，你应该已经明白了吧。类似赵博士这样的人，即便不擅长交流，但因为是别人所需求的对象，一样能够成为社交的核心。所以，只要别人对你有需求，你就不用主动开口。举个例子，在一个高三学生的家长会上，作为大学教授的你，即便是不主动跟人交谈，只要让别人知道你的身份，别人自然而然就会来找你交流。

我们在这里讲怎么样引导别人说话，但引导别人说话总不如让别人主动开口好。如果你就是大家想倾诉的对象，一切就变得容易很多了。那么，怎么成为大家的倾诉对象呢？答案并不难，就是成为某个领域的专家，成为某些人需要的人——医生、律师、教授、记者等，这些职业自带身份属性。如果对方是一个正处在法律纠纷当中的人，在得知你是一位律师之后，他必然会主动和你说话。但是，如果没有这些特殊的职业作为背景，我们又应该怎样让自己成为别人的倾诉对象呢？有一句话叫“操千曲而后晓声，观千剑而后识器”。同样的道理，只要掌握了各类的知识，他人自然而然就想了解了解你的“权威看法”了。

1518年，麦哲伦向西班牙国王卡洛斯一世寻求帮助，在觐见国王之前，麦哲伦对自己好好包装了一番。他阅读了大量欧洲最新的地理学研究方面的书籍、资料，用了很长时间消化这些知识；拜访了当时有名的地理学专家路易·帕雷伊洛，和他进行了长久的交流，获取了很多新的地理知识。

在觐见国王的时候，麦哲伦为国王讲了10分钟的“个人见解”，给国王描述了一个“真实的世界”，国王为麦哲伦的博学所折服，进而打开了话匣子。在之后的几个小时里，国王和麦哲伦相谈甚欢，最终决定了投资麦哲伦的全球冒险活动。

拥有了庞大的知识架构，你在与他人交流的时候才能毫不费力地旁征博引、信手拈来，你说的话会既有趣又有用，有趣还是其次，一旦有用，就会让人无比爱听、无比想听并想对你倾诉。所以，想要成为一个好的倾听者，你先要让自己的身上有对方需要的谈资。要知道，谈资就是影响力，你越有让别人可以谈的地方，你的影响力就越大。

心理学家认为，人们都会愿意青睐那些具有影响力的人物。一个人拥有过人的影响力，会使人愿意相信他、对他倾诉或跟从他甚至于帮助他成就事业。

在现实生活中，很多人话里行间都很苍白、浅薄，要么词不达意、颠三倒四，要么言语乏味、干涩无聊，要么粗鄙不堪、污人耳朵。另一些人说话却生动有趣、简练直接、内容丰富、直指人心，不管在什么场合里，都能运用恰到好处的话语。这两者之所以有着天壤之别，就在于双方截然不同的知识背景。不读书，不学习，不注意积累丰富的学识，你整个人会渐渐变得无趣起来，你理解不了别人话里的典故，也听不透别人的弦外之音、话外之意，更说不出饶有趣味的话语，开起玩笑来也往往落于俗套，甚至流于低俗。慢慢地，你就会变得越来越没有趣味，在交际场合里也备受排挤。

想要改变这一切，先得改变自己单一的阅读习惯。从广泛涉略开始，博览群书，积极学习。

心理学专家说，盘点一个人脑中的所有知识，几乎90%以上的获取途径都是阅读。各类书籍中的养分珍贵无比，它可以浇灌出理想的果实，也可以让你变得更出色。知识为你开阔眼界、挖掘话题、带来谈资。一个学识丰富的人在任何场合都能够做到驾轻就熟，如果你有这样的本事，那么，你还害怕别人不对你敞开心扉吗？

在与他人交往过程中，人们总会不由自主地受到影响力的影响，并倾向于服从影响力较强的人。一个内心有倾诉欲望的人，在影响力较大的人面前更是“不设防的”。所以，请你一定要注意在日常生活中提升自己。

当对方想说话时，千万别这么做

倾听者的话：当对方想说话的时候，你要让对方说，即便你已经知道对方接下来要说什么。

生活中经常有这样的场景：你正在阐述自己的观点，正说得高兴，对方想要开口，你理所当然地忽视了对方的诉求，让对方等一等再说；你见对方刚要开口说话，就觉得自己猜到了对方想要说什么，便迫不及待地将自己的猜测说出口，等待对方的认同。上述两个场景中，你不经意间做了两件事情：自顾自说，不注意对方的反馈；预判对方想说什么，替对方把话说出口。这两件事情都属于谈话中的禁忌，会给谈话中的另一方非常不好的印象。设身处地地想一想，如果你在听对方阐述自己的观点时，想对对方的观点表达一些意见和建议却被完全无视且对方还在无视你的意见之后接着讲述自己的观点时，你还会认真听对方说话吗？如果谈话中你想说一些事的时候，对方却在你开口的刹那间替你把话说完，你对这个抢你话说的人又会是什么印象？

在受说话的欲望支配之时，人们常常会忽略谈话中最基本的法则，那就是不尊重对方讲话的权利，这是谈话时最大的失误之一，会让谈话中的另一方立刻失去谈下去的兴趣，让谈话失去应有价值。

尹成在跟女朋友陈薇讲述自己的创业计划，他想要研制多种餐饮产品并开店售卖。陈薇在尹成讲述创业计划的过程中几次想提出建议，但往往刚说一个字就被他打断。最后，陈薇心不在焉地听着尹成的高谈阔论，敷衍地用几个字回答尹成的问话，两人不欢而散。

过了几个月，尹成的新店开张了。尹成高兴地向陈薇诉说店铺的流水是多少多少，陈薇想要提醒他小心经营，还没开口，尹成笑着拍了拍陈薇的肩膀，说："我知道你为我高兴，恭喜的话就不说了！"陈薇瞬间失去了说话的欲望。

…………

谈话中，我们怎样才能让对方愉快地敞开心扉呢？概括来说，要注意以下几点。

第一，我们要注意对语言进行雕琢，放低自己的姿态。

人的一生总是在来回地起伏变化，要保持一颗平常心，在低潮时不要太过失落，在高潮时也不可骄傲放纵。谦让、恭谨是做人的最高境界，要严于律己、宽以待人，包容别人的缺点和不足，善于倾听别人的内心。

第二，在对方没有表达意思之前，不要擅自打断对方。

就像前文提到的，有时我们可能会猜到对方要说什么，就擅自打断对方的话，猜测对方的意图。这种做法非常不适宜，特别是在跟长辈或者领导交流的时候。对方还没有说完，你就打断对方的话，这是一种没有礼貌的行为。此外，你的猜测会让对方认为你是一个爱自作聪明的人，喜欢展现自己的小聪明。

第三，在肢体动作和神态上要做到尊重、专注。

在交流中，一个人的肢体动作和神态往往反映了他的态度。当长辈或领导在与你交流时，如果你的眼神飘忽不定，身体随意摆动，那对方一定认为你不够尊重自己，会感到不满，甚至停止说话。要做到神情专注、自然，让对方感到你在认真思考对方的话语。身体姿态要大方得体，给他人最起码的尊重。

搭讪远比你想象要容易

倾听者的话：搭讪有技巧，如果把搭讪变成“调查户口”，就会引起对方的反感。

搭讪这个词，现在很多情况下都指为了追求某人而开始和某人搭话的行为。然而，它的本意是为了开始攀谈而制造话题，“追求某人”这个背景意义是衍生出来的。如果你对某人感兴趣，并且想要与他说话，不管你是单纯地想和这个人聊聊天，还是想和他做朋友甚至恋人，要想开始一段对话都是需要一些技巧和窍门的。

很多人把搭讪这件事情想得很难，自我设限，看见自己心仪的谈话对象也不懂得把握机会。人们对搭讪的逃避和害怕主要有以下几个原因。

1. 不自信。不敢搭讪的人往往有自卑的性格，总是习惯性地因为外貌条件不够好、家境不够富裕、谈吐不够优雅从容等否定自己。当他们觉得自己根本配不上自己想要搭讪的人时，当然也就不敢上前主动开口了。

事实上，每个人都有缺点，在深入交往前，谁也不知道自己和他人能不能和谐相处。也许进一步了解之后，两个人刚好兴趣相投。搭讪是给自己一个和心仪的人开始相互了解的机会，只有勇于开口才能不错过机会。

2. 太强的自尊心作祟，太过害怕搭讪失败。在这个世界上，不可能有让搭讪百分百成功的技巧或者教程。每一次搭讪都是运气和实力的结合，搭讪者的一些自身条件加上灵活运用搭讪技巧才能让搭讪成功的几率提高。

3. 过于在意他人的眼光，害怕被误会。很多女孩子对于搭讪的顾虑在于：如果我主动去找男生说话会不会显得我很不矜持。很多比较敏感的男孩子可能也会觉得：我随便去跟某个女孩子搭话，如果说话的分寸没掌握好，是不是让人觉得我像个不怀好意的猥琐男。其实，在路人的世界里，他们基本上是不会在意身边的陌生人谁跟谁搭话这种事的。就好像我们自己不小心系错了衣服的扣子，会觉得所有人都看见了，但事实上，根本没几个人会留意陌生人身上的细节，你并不会吸引到他人的全部注意力。

4. 在搭讪开始之前过于紧张。面对自己心仪的对象，第一次开口说话，谁都会有一些压力，都会希望自己做到完美。我们应该调整自己的心态，抱着尝试的心态而不是挑战的心态去搭讪。

下面，我们来看看搭讪中常见的错误做法。

许戈每一次都很想和女孩很有风度地搭话，但每一次都是以失败告终。以下是他第一次和某女生搭讪的经历。

许戈：我觉得你很有气质，想认识你一下。

女生：你好，幸会。

许戈：听口音，你像湖南人，你不是本地人吧？

女生：是的，我是湖南人。

许戈：你是湖南哪里人？

女生：长沙。

许戈：长沙的，那你肯定很能吃辣。

女生：我很能吃辣。

许戈：你是从湖南到这边工作吗？你是做什么工作的？

女生：我在律师行做见习律师。

许戈：做了几年了？

女生：两年。

…………

许戈在上面这个对话里面就是犯了常说的“查户口式”的错误。在普通的开场白过后，他不停地在问女孩的个人信息，而对自己的个人信息只字不提。这会让对方很不舒服，对方心里会想：明明是你来找我说话，但你自己的情况一点不介绍算怎么回事？

一个成功的搭讪必然不会是单方面的信息输出，一定是双方的信息交换。搭讪人在询问到对方的一些个人信息之后，一定也要说出自己的个人信息作为交换，让双方处于良好的信息互动状态，这样才能避免尴尬。

在交换了初步的一些个人信息之后，接下来就需要话题的储备和良好的幽默感了。话题储备只要扩大阅读量和知识面就可以了，幽默感的培养相对更难一些。所以，你要经常看一看娱乐节目，多阅读一些幽默的文章。如果碰见自己觉得特别好的幽默对话或者搞笑技巧，就花工夫多琢磨如何把这些技巧运用到自己的搭训中，但不要原样照搬照用，要活学活用，掌握表象之下的规律才能提高自己的幽默感。

人们都喜欢和有幽默感的人对话，有了幽默感和话题量，引导他人和你说话就不再是个难题了。

换个方向，人人都爱听你说话

倾听者的话：同样的意思，如果换个不同的角度，可能会出现截然不同的效果。

在生活中，我们经常会遇到“巧舌如簧”的人。当然，这里的巧舌如簧并非贬义词，不是每个人都爱听逆耳的话，也不是每个人都能听懂你说的话。就像在战争中，选取一条合适的进攻路线是每一位作战指挥官必须思考的问题，不同的出击路线会遇到不同的情况，有时甚至能直接决定战争的胜利与否。出色的指挥官总能全面分析各方面的利弊，从而找出最适合的进攻路线。很多时候，说话也是一样的道理，有些话语可能比较敏感，容易引起对方的反感，善于沟通的人往往会换一个说话的角度。这样一来，不但能避免对方的反感，而且能更好地达到自己的目的。

李存勖是后唐的开国皇帝，他最大的爱好就是狩猎，动不动就组织大批人马进行狩猎活动。

有一年秋天，李存勖又兴致大发，带着大队人马开进中牟狩猎。庄稼还没来得及收割，侍从们就骑着马在农田里横冲直撞。可想而知，一会儿的工夫，农民们辛苦种下的庄稼就全被践踏得惨不忍睹。

当地的农户看到被破坏的庄稼心如刀绞，只好跑到县令衙门，请县令大人想想办法。当地的县令正是何泽，听到农民的诉求之后，何泽也感到十分棘手。毕竟对方是皇帝，谁也不愿意触碰逆鳞。但是，看到被践踏的庄稼，何泽不由得痛心疾首。此时，李存勖正巧从何泽身边经过，他头脑一热，拦住前进的车驾，跪在道中，说："请圣上怜悯农民的心血，到别处打猎！"李存勖一听，龙颜大怒，立刻以惊扰圣驾之罪判何泽就地处死。

就在耿直的何泽即将问斩之时，一位名叫敬新磨的伶人突然张口痛斥何泽："大胆何泽，你明知当今圣上酷爱狩猎，竟然还怂恿农民在此种田！为了那点赋税，你就丝毫不考虑圣上的喜好。百姓受点饿、挨点冻又算得了什么，你真是大胆包天！"

随后，一旁的大臣也开始痛斥何泽。李存勖一听，没有生气，反而哈哈大笑，说："算了，饶了他吧！"自那以后，李存勖严令身边侍从不许再践踏庄稼。

就像上面例子中的何泽一般，我们也经常遇到这样的人，他们往往说话耿直，这是优点，但有时太过耿直的话语却不一定能取得好的效果。例如何泽，非但没能让自己的目的达成，反而差点招致杀身之祸。可以想象，如果这时再来一个"何泽"坦言为之辩护，那将会是什么结果，可能会更加激怒李存勖，两个人都会人头落地。其实，敬新磨就是把自己要表达的目的用一种反话说了出来，这是有大智慧的表现。他明明想解救何泽，而为了让李存勖容易接受，却痛斥何泽，李存勖当时不过是一时愤怒，敬新磨正好帮李存勖出了气。然而，会说的不如会听的，再看李存勖，他从敬新磨的话中听出了话外之意，再仔细想想自己的所作所为，也就认识到了错误。最后，李存勖放了何泽，并严令禁止侍从践踏农田。

在日常的生活当中，很可能别人的说话方式让你很不痛快，但出于照顾他人面子或怕得罪人的原因，我们只能把话憋在心里。这时，我们不妨学学敬新磨的说话方式，换一个角度，把原本尖锐、犀利的语言婉转地表达出来，这样往往会收到意想不到的效果。

中国古代的皇权十分集中，每个大臣都有“伴君如伴虎”之感，在与皇帝的交流中，大臣们往往提心吊胆，生怕自己哪句话没说对就引来杀身之祸，这就十分考验大臣们的说话技巧。

汉武帝身边有一位敢于直言的大臣，名叫汲黯。有一次，在朝堂之上，汲黯当着百官之面直言公孙弘是个沽名钓誉之徒：公孙弘官拜宰相，每年拿着很高的俸禄，却喜欢装出节衣缩食的样子，在寒冬腊月也只盖薄薄的被子，不过是想做出清廉、简朴的样子。

汉武帝听完，觉得确实在理，便有些不悦地问：“公孙弘，汲黯所说是否属实？”

公孙弘面对汉武帝的质问，并不急躁，反而真诚地说：“我与汲黯是很好的朋友，他对我十分了解，也所言不虚。我本有丰厚的俸禄，却在寒冷的冬天也盖着薄薄的棉被，就是想摆出一种为官简朴、清廉的姿态。汲黯是个十分忠心的大臣，他不怕积怨于我而直言相告。若不是他，陛下怎能听到大臣对我的意见？臣知罪了，请陛下重罚！”

本来，汉武帝对公孙弘就有所猜忌，因为他官拜丞相，位高权重，所有的皇帝都怕大臣功高震主。但是，公孙弘并没有像大多数人一样，为自己的缺点辩解和遮掩，反而坦诚相告。这样一来，汉武帝更加信任公孙弘了，为人有些沽名钓誉并不是不可原谅的错误，但为人不忠诚却是致命的缺点。人都有缺点，我们在生活中也是如此，往往喜欢那些有些小毛病的朋友，而那些伪装得完美无瑕的人反而让人不放心。公孙弘是一个情商极高的人，他正是深谙此道，他换了一种说话角度，直言自己的缺点，让喜欢猜忌的皇帝更加信任他。

正话反说是一种巧妙的说话技巧，很多时候，人们所表达出的意图并不容易让对方所接受。这时，我们就要用一种更婉转的说话方式表达出来，在表达时要注意以下几点。

第一，学会使用更加柔和、委婉的言语表达自己的观点。很多时候，直言劝阻不但不能让对方接受自己的观点，反而容易引起对方的反感，容易适得其反。可以先说些赞美的话，这样可以让气氛更融洽，对方也会放下防备。这时，再提出你的建议，就会收到更好的效果。

第二，在事实面前，不要一味辩解，这样只会让对方感到更加不满。不如直接承认自己的错误。

第三，学会幽默应对。当谈到一些比较敏感的话题时，用一种幽默风趣的话语来表达，这样能在很大程度上减小摩擦、避免矛盾的发生。

说话是一门艺术，同样的意图却可以有无数种表达方式，每种方式都能取得不同的效果。学会选取最容易被对方接受或最恰当的方式，是每个人一生的训练课程。

别把“自嘲”当贬义词

倾听者的话：在倾听者看来，一个善于用自嘲缓解气氛的人是风趣幽默、平易近人的。

我们身边总有些喜欢“自黑”的人。“自黑”便是“自嘲”，而所谓“自嘲”，就是指自己嘲弄自己。从字面上看，很容易被认为是一种自我否定、不自信的做法。其实，这是对“自嘲”的误解。在日常的交际中，善于自嘲的人总是给人一种豁达、谦虚、有幽默感的印象。恰当的自嘲就像润滑剂一样，会让沟通更加顺利。

胡适是我国近代著名的学者、教育家。

有一次，胡适在某大学授课，其间引用了不少孔子、孟子、孙中山的话，于是，他在黑板上简短地写着“孔说”“孟说”“孙说”。当他要发表自己的见解时，微微一笑，说：“我姓胡，所以，我的见解就是‘胡说’。”随后，真在黑板上写了“胡说”两个字。台下的学生们一看，哄堂大笑。胡适一下子把所有学生的注意力全都吸引过来，课堂的气氛也变得十分活跃。

上面故事中，胡适的“胡说”就是“自嘲”的妙用，它能一下子活跃交流的氛围，还能拉近人与人之间的距离。胡适的自嘲不但拉近了师生间的关系，还让人觉得他十分幽默、机智，沉闷的课堂在一次玩笑中变得有趣、精彩。当然，让“自嘲”能够获得成功的，还是先学会倾听对方如何拿你开玩笑的。

《大卫·莱特曼秀》是一档收视率曾获得冠军的节目，黄西也因此而一炮走红。他曾这样说：“我在跟人交流时非常喜欢自嘲。如果一个人从来都没拿自己开过玩笑，我是绝不会和他成为朋友的。同样，我也不喜欢那些只拿别人开玩笑而从不拿自己缺点开玩笑的人。”

从黄西的言语中，我们能看出他十分看重自嘲的能力，更认为自嘲也能反映出一个人的人品。

人们在一些公众讲话中难免会遇到一些尴尬的情况，如果此时讲话者能恰当地使用自嘲的方式，拿自己开个小玩笑，不但能缓解尴尬的气氛，还能给人一种亲切的感觉。“自嘲”往往能给人们带来笑声，在风趣幽默的氛围中，所有的紧张和尴尬马上就会烟消云散。

英国人认为：能自嘲的人才有开别人玩笑的资格。英国首相丘吉尔尽管位高权重，但他平易近人，幽默风趣。在面临压力时，他总是喜欢用幽默的方式来缓解。

曾经有人评论丘吉尔的年纪太大了，不适合承担如此艰巨的任务。

在很多年迈的领导者看来，这应该是比较刺耳的评价了，但丘吉尔却不以为然，反而开玩笑地说：“我并不老，我刚刚步入了人生的盛年阶段。只不过，我比其他人花了更多时间才到达盛年。”丘吉尔的幽默轻松化解了尴尬的气氛，同时还让民众觉得这位首相十分富有人情味。

在很多社交的活动中，“自嘲”无疑是拉近关系的灵丹妙药。如果你想拉近和某人的关系，不妨适当地运用一下自嘲的方法，也许你们很快就能成为知心好友。

以高产著称的中国台湾作家林清玄获得的文学奖项很多。他的样貌也十分独特——双眼有神而充满智慧，一个“聪明绝顶”的脑袋，且在两鬓下留着披肩的长发，让人一见难忘。他不但写作水平高，而且口才也特别好，情商高，讲话幽默风趣。在演讲时，他常常拿自己开玩笑，尤其是他那奇特的长相。

一次，林清玄在做演讲时接连说了几个故事，都是拿自己开涮。比如，他刚走进大会堂，就听到两个学生在旁边议论。一个学生说：“看，那就是林清玄！真可惜，竟然前额都没有头发，脑后的头发倒留得不短。”另一个学生回答：“是啊，太让人失望了，这么有才的作家竟然长成这个样子。”林清玄随后对在座的人说：“我想告诉大家，如果你们也从十几岁就开始写作，一直坚持到五十多岁，能像我这么英俊就很不容易了！”

台下的观众哄堂大笑，都为林清玄的幽默鼓掌。

过一会儿，林清玄又讲了第二个故事。前一段时间，林清玄在演讲结束后，一个十分漂亮的女孩塞给他一封信。当时，林清玄十分激动，马上回到酒店，拆开一看，上面写着：“亲爱的林老师，我觉得您长得很像周星驰电影里的武功第一高手火云邪神。”

接着，林清玄说："我想跟在座的各位说一个道理，在这个世界上，有很多人喜欢用头发来判断一个人。我希望大家不要这样，而是要看到人头皮以下的东西，不要只注重我的头皮之上。长成什么样并没有那么重要，真正重要的是心的样子。"

台下的观众听完纷纷鼓起热烈的掌声。林清玄的这段话不但活跃了现场的气氛，而且还给大家说了一个珍贵的道理：一个人的内心要远远重于他的外貌，但我们往往忽视了这一点。

自嘲并不是自我辱骂，不是为了让自己当众出丑，而是要让自己更加自信、得体。自嘲要掌握好分寸。恰到好处的自嘲不但能娱乐自己，还能让别人哈哈大笑。在彼此间分享人性的缺点和无奈，缓解压力的同时也收获了快乐。

自嘲的好处有很多，那些情商高的人往往善于使用自嘲的说话方式来赢得别人的喜爱。想成为一个能巧妙运用自嘲的人，我们不妨注意以下几点。

第一，不要对自嘲存有偏见，自嘲并不是自我贬低，也不是自卑的表现。人人都有缺点，世界上没有十全十美的人，向别人幽默地表露自己的缺点反而会得到别人的喜爱和同情。

第二，自嘲不能"过火"。那些自嘲高手不但不是自卑、消极的人，反而十分自信、乐观。他们虽然嘴上嘲笑着自己的缺点，但心里十分有把握，认为这个缺点并非大问题，或者说可以改变。然而，那些总是自怨自艾的人并不会让人产生好感。因此，自嘲并不是自我抱怨，要点到为止。

学会自嘲会让你与他人的沟通更加顺畅，还会增加你的人格魅力。当你处在压力当中，这种幽默的表达方式还能为你带来愉悦的感受，让你从紧张的气氛中解脱出来。

优秀的倾听者，他们到底在听些什么

——听了那么久，你却什么也没听懂

善于捕捉对方的意图和话外音

倾听者的话：在倾听他人的话语时，可以通过倾听他人的话、观察他人的表情获知他人的状态和心情，从而理解他人说话的动机及其希望达到的效果。

倾听他人的言语，不是仅仅知道他人言语的内容，更重要的是倾听他人言语中的情绪和信息，从而达成对他人的共情，对他人的言语内容有更恰当的解读。

有两个男生同时追求女生欢欢，欢欢决定给他们两个一道考题来考验他们谁更懂自己的心思。欢欢在日常和他们的对话时经常发给他们一些自己喜欢的化妆品和衣服的图片。

欢欢并不直接说她喜欢什么品牌的衣服和化妆品，也不提示他们自己是在特地选这些牌子的东西。只是在每一次发图片分享给这两个男生自己的购物足迹的时候，都恰好把品牌的铭牌露出来。

过了一段时间，到了欢欢的生日，欢欢让这两个男生给自己挑适合自己的生日礼物。一个男生挑了一个既不适合欢欢的风格，也从来没有在欢欢发给他的图片里出现的品牌的礼物。另一个男生恰好就买了欢欢总是发给他的图片里的那个品牌的礼物。可想而知，最后是后者抱得美人归。

抱得美人归的男生非常聪明，因为他懂得有效倾听的方法，理解对话中真正有用的信息。倾听从效用上可以分为两种：无效倾听和有效倾听。

无效倾听是指只用耳朵、不用脑的倾听。谈话中的对方说出的内容对于无效倾听者来说，只具有言语本身的信息，其他信息则没有进入倾听者大脑的思考领域。比如说，当一个女生对自己的男朋友说我肚子疼。这个男生立刻回答多喝热水。那么，这个男生恐怕要被女生在心里重重地扣掉几分，再来几回怕是就要被分手了。一个女生向自己的男朋友诉说自己肚子疼，她最想要的是安慰和关怀，其次想要的是恋人体贴的行动和有效的建议；她最不想要的就是“多喝热水”这样的回答，不仅肤浅，而且敷衍。

无效倾听者只能理解谈话中的话语最表层的意义。他们不能明白自己听见的话语与说话人说话时的处境、说话时的心情、以往的表现及其平常的说话习惯、性格、爱好、身份等都有关联，只从言语本身来理解言语。

有效倾听是对整个谈话的发生时机、发生地点的全面掌握，也是建立在对倾听对象的深刻了解之上的倾听。倾听者要掌握有效倾听的技巧，需要在谈话中获得倾诉者的情感状态信息和对对话本身的需求。

在美国有一家十分出名的商店，由彭奈创立。在彭奈的第一家零售店开业不久，一个男子到店里来想买一个打蛋器。

店员问："先生您好，请问您想买的打蛋器是要好一点的还是贵一点的？"

对方有一些不高兴："我当然要好一点的，谁会要次的？"

随后，店员拿了A牌的打蛋器给对方，说："这是最好的打蛋器！"

男人看了看，问："你确定这是最好的吗？要多少钱？"

"是最好的，120元！"

男子有点吃惊："什么？120元，我听说60元就能买到最好的！你这个怎么这么贵？"

店员说："60元的我们也有，但不是最好的，请看。"店员又拿出一款打蛋器。

男子打量了一下那个打蛋器，说："怎么差这么多钱？"

店员继续说："如果您不喜欢，我们还有十几元钱的，比如这一款。"

男子听完，有些不屑，准备掉头就走。这时，彭奈急忙赶了过来，说："先生，您想要打蛋器，我再为您介绍一款好的！"

男子仿佛恢复了一点兴趣，问："什么样的？我看看。"

彭奈拿出了一款打蛋器，说："这款是最好的，而且也不贵，58元。"

男子说："这不是最好的吧，我不要！"

彭奈说："刚才，我们的店员没有说清楚，我们这里有很多品牌的商品。在这种牌子里，它就是最好的。"

男子脸色有所缓和，说："哦，原来是这样！"

彭奈接着说："我觉得这款打蛋器非常实用，样式小巧，特别方便。您家有几口人？"

男子回答说："5口。"

"那就太合适了，用这款打蛋器，您一定不会后悔的！"

客人走后，彭奈对店员说：“你知道今天你的错误在哪吗？”

店员愣愣的，显然有些糊涂，不知道自己哪做错了。

彭奈笑笑说：“在销售商品时，我们要摸清对方的心理。他一进门就强调要买最好的，对不对？这说明他是一个优越感很强的人，但听到价格有些贵，就有些舍不得买。我们要在不挫伤对方的优越感心理的基础上变换一种方式，给他一个台阶下，让他接受比较便宜的商品。”

就像上面故事中彭奈的做法一样，我们在听对方的话语时要善于捕捉对方的意图和话外音，并选择一种合适的表达方式来回答对方的问题。这才是一个高情商沟通者的做法。此外，在听一个人说话的时候，需要注意这个人目前的情感状态。这个人是处于一个颓废、低落的状态，还是一个兴奋、高亢的状态，决定了你应该做出什么样的回应。

当一个人处于低潮之时，你应该不再继续打击他的自信和希望，而是给他鼓励和正面的反馈。

当一个人自信心爆棚又绝对乐观的时候，你应该委婉地提出一些意见，适当地唱一些反调，当然，一定要注意方式和方法。

每个人在谈话中都有隐性的需求，有些人需要他人的认同，有些人需要他人提出意见，有些人需要他人的安慰和同情，而有些人需要和他人一起争论观点时碰撞出思维的火花。从各种语境中辨别出谈话人的需求并满足谈话人，也是有效倾听的作用。

你觉得聪明人会想说什么就说什么吗

倾听者的话：真正聪明的人不会想到什么就说什么，他们懂得倾听对方想要说什么。

说话是一门艺术。如何把自己的意思表述得恰如其分且如同春风入耳一般能够令人折服，是需要长久磨炼的本事。聪明的说话人绝不会在谈话的一开始就把自己的底牌亮出来，而是循序渐进、因势利导，一点一点引导谈话的走势，最终达成自己的目的。

擅长说话的人一般也擅长倾听，因为说话之道和倾听之道是相通的。要听明白那些聪明人想要说什么，就要明白他们的言语中哪些是表面的应付语言，哪些是真正的意图。

老总叫做公司财务工作的宋清去老总的办公室谈话。老总先和宋清谈了谈宋清的兴趣爱好。宋清喜欢茶道和古文字，老总和他谈《茶经》与茶百戏，又谈了谈小篆与金文。宋清来了兴致，说了不少见解。

老总听了宋清的话，貌似随意地问他的这些爱好占据空闲时间多少。宋清没过脑子，直接说自己的空闲时间都用来钻研这些兴趣爱好了。老总点了点头，又说了两句客套话，就把宋清请出去了。

之后，老总随即把自己想要提拔宋清的计划放弃了，他认为一个不利用空闲时间提升自己业务能力和本职工作所需素质的人，是没有什么上升空间的。

宋清的老总和宋清的这场谈话的目的非常明确，就是要考察宋清是不是一个值得晋升的人。但是，老总没有直接问宋清如何支配他的业余时间，也没有直接说出自己想要晋升宋清的打算。他貌似随意地和宋清谈天说地，让宋清完全放松，拉近自己和宋清的距离，从而暴露出宋清真实的一面，从而得出宋清不堪大任的结论。如果老总没有说这些看似无用的废话，宋清很可能不会暴露自己对空闲时间真实的安排。

在一条街上，有两家水果商店，两位老板都坐在门前招呼过往的客人。

一位老太太从第一家水果店经过，看了看门前摆放的李子。张老板马上说："阿姨，买点李子吗？我家的李子又大又甜，特别好吃！"

老太太闻言扭头就走了。

到了下一家，李老板看到老太太想要买李子，马上笑着说："阿姨，我家的李子特别好，有甜的，有酸的，您要哪种？"

老太太回答："给我两斤酸的！"

"阿姨，我这还有新到的猕猴桃，特别有营养，您也来点？"

老太太说："好，那再要两斤猕猴桃！"

张老板见状十分不解，问："老李，为啥这老太太不买我家的李子？"

李老板回答："你有所不知啊，刚才那位是隔壁楼的刘奶奶，她儿媳妇前一阵怀孕了，我看她一定是想抱大孙子，想给儿媳妇买酸李子，'酸儿辣女'嘛！孕妇正是需要补充营养的时候，老太太一定也想买点营养丰富的猕猴桃。"

张老板恍然大悟，本以为吆喝李子甜能招揽生意，没想到弄巧成拙。

在上面这个案例中，李老板是一个非常聪明的商贩，他对身边顾客们的情况十分了解，并能聪明地分析出顾客的需求，这种销售者在竞争中一定能先人一步，抢占先机。

有一些谈话看起来无关紧要，比如一些关于自身兴趣爱好或者时事八卦的话题交谈，但这些无关紧要的话很可能就折射出了你的真实情况。

有一个非常经典的笑话，讲的是学校里有4名吸烟成瘾的学生，分别是甲、乙、丙、丁。一天，老师分别把他们4个人分别叫到了办公室，首先是甲。甲到了办公室，老师问："甲，你抽烟吗？"

甲说："不抽，我向您保证！"

"好吧，奖励你，我这有薯条，你吃吧！"老师微笑着拿出一盒薯条。

甲很自然地用食指和中指夹起了一根薯条，吃了起来。

老师严肃地说："还说不抽，叫家长来！"

甲回去后，把刚才的经历告诉了乙、丙、丁，叫他们做好准备。随后，乙自信满满地走进办公室。

老师问："乙，你抽烟吗？"

"不抽！向您保证！"

"好吧，吃根薯条！"

乙双手恭敬地接过薯条，自然地吃了起来。

老师接着说："蘸点番茄酱吧！"

乙一下蘸多了，用手指习惯性地以弹烟灰的姿势弹掉了多余的番茄酱。

老师一看，严肃地说："还说不抽，这动作太熟练了，叫你家长来一趟！"

接着，丙到了办公室。老师重复了之前的策略，丙都没有中招。

老师说："还有一根薯条，你带回去吃吧！"

丙习惯性地把薯条夹在了耳朵上。

老师严肃地说："一看就是'老烟枪'，请你家长来一趟！"

最后，丁也进来了，老师多次提问都没有让其露出马脚。

突然，老师说了一句："快跑，校长来了！"

丁迅速把薯条扔在地上，用脚使劲踩薯条。

老师一看，一脸严肃地说："我说厕所一地的烟头都是谁扔的，一看就是你。下周一叫你妈妈来一趟！"

可能大家都听过这个笑话，生动、诙谐。我们在生活中也可能会遇到类似的情况，对方的询问可能言于此而意在彼。有些看似随意的提问，实际是在探听虚实。所以，我们在生活和工作中也要给予相应的重视。

第一，要清醒地认识到每个人在谈话中可能抱有的潜在目的并不相同。如果对方是你的上司，大多数情况下，他和你谈话的目的都是要考察你的能力和素质。如果对方是你的恋人，他可能在谈话中想要考察你究竟有多在乎他，或者你有多在乎其他人。如果对方是你的朋友，他很可能想要在谈话中得知你对他是否是真心以待。如果对方是你的家人，他们很可能想多关心关心你。这些目的都是隐性的，不可能直接诉诸言语的，但它们同样不容忽视，一旦它们被忽视，谈话就会走向不好的结果。根据和谈话对象不同的社会关系，我们心里要始终绷紧一根弦，不要忽视了对方的潜在目的。

第二，收集好背景资料和信息，对谈话人的大体情况做到心中有数，知道说话人最近在做什么。宋清如果多注意同事聊天时的谈话，就会了解到公司最近刚好空缺出一个高层职位，不知道老总会提拔谁。如果他知道这一背景，那他应对老总谈话时的策略就会完全不同。《孙子兵法》中说，“知己知彼，百战不殆”。与人谈话时也是如此，知道对方的信息和情况是非常重要的，这关系到你是否能够猜出对方话语中的真实目的。

前面说的 99 句话可能都是废话

倾听者的话：我们要学会从客气话中听出对方想要表达的关键信息。

现代人的说话方式越来越委婉，一个对话的有效信息可能是掩盖在无效信息的重重叠叠之后的。一个人真正想说的话要在做很长的铺垫之后才会讲明，我们需要在无数的无效信息中辨别出谈话人最终想表达的意思。

付丽想要和朋友李成一起去看乒乓球比赛，却又不好意思直接开口跟李成说。于是，付丽顾左右而言他，说了许多无关紧要的话题，聊完天气聊风景，聊完风景聊音乐，好不容易把话题引到了乒乓球比赛的方向上。她开始询问李成愿不愿意和她一起去看乒乓球比赛，李成却以为付丽只是随口一说，也没有当真，随口说自己不一定有空，接着想和付丽聊其他的话题。

付丽很难过，从此再没有继续约李成一起出去玩，和李成的关系也渐渐淡了。

每个人讲话都会有或长或短的前言和铺垫。把自己最重要的话语直截了当地说出来是最低级的表达技巧。但是，有很多人想要表达的话语和他们的无效语言夹杂在一起，又很难让人分辨哪一句话才是他们内心想要表达的重点。要搞明白哪些话是废话，哪些话是蕴含着有用信息的真话，就要对每句话的信息量有一个清醒的认知。有一些话语只是对从其他渠道获得的信息的转述，比如对娱乐八卦的重复、对时事新闻的概括……这些通常是无效的信息，只是用来做一个谈话开始的由头。即使如此，我们也不能忽略这些信息，因为它们是谈话开始深入的必要步骤。要通过这些无效信息进入对话的节奏，和对方有问有答地谈话，而不是一味被动地接受信息，却无法给予对方生动的回应。同时，要时刻在无效信息流中保持对有效信息的敏感度。对方也许正说着哪里的东西好吃，就会忽然来一句一起去尝尝看的邀请，这个时候千万不能以为对方只是说说而已，要郑重考虑回答是还是否。

说话人在表达自己真实的意愿之前说的很多废话，都是说话人想要拉近彼此的关系的铺垫。在倾听这些废话的时候，我们不能表现出无聊或是不耐烦的神态。否则，会让说话人觉得自己的真实请求不会被重视，从而导致其不打算说出自己的真实请求，谈话没有结果就结束了。真话之前的 99 句废话也需要聆听和回应。否则，真话就不会出现。

很多看似无关的话语，其实可能蕴含着深意。我们只有不遗落每一句平常的话语，才能在有效的信息出现时不和它擦肩而过。

有效的信息通常是在表达说话人的主观意愿和情绪，表示着说话人对你的真实态度和请求。识别这些有效的信息，不仅要依靠情商，还要有丰富的谈话经验。说话人为了达到自己说话的目的而进行的铺垫，通常到最后只会围绕着一个中心，只要耐心地听完说话人的所有铺垫，经过思考，才能在这些话语中寻找出说话人的意图。

很多时候，我们在一场谈话过后需要回想这一场谈话的内容，才能意识到自己究竟错过了说话者的什么意图。只有思考每一次谈话中我们做得不好的地方，才能积累更多的谈话经验，提高自己的谈话技能。

不懂装懂才是世界上最遥远的距离

倾听者的话：如果没听懂对方真正想要表达的意图，就再问一遍，不懂装懂是浪费时间。

在谈话中，每个人都有听不明白对方说的话的时候，可能是对方用的专业术语我们并不了解，也可能是对方用的某些特定的词我们一时没有明白。沟通时出现障碍是很平常的事，听不懂就直接表达出来，让对方再解释一下。但是，如果没听懂的那一方不懂装懂，没听明白却非要说自己已经全明白了，谈话的双方恐怕根本无法相互理解，也无法进行有效的沟通。

为了去应聘文学社的社员，冯远让中文系的女朋友胡琳给他普及一下文学理论基础。胡琳侃侃而谈，冯远则睁大双眼不断点头，看起来好像理解了胡琳的所有话语，但他根本是一头雾水，全部都不明白。

胡琳以为冯远全都懂了，便让他自己梳理之后把她说的内容再讲一遍。没想到，冯远一个字都说不出来，胡琳很生气，很多天都没理会冯远，冯远的文学社申请也就此泡汤了。

不懂装懂就是明明没有理解，但偏偏要表现出来自己已经理解了。这是对自身理解力过低这一事实的逃避，是相当缺乏情商的表现。在沟通中不懂装懂，与其说是自尊心过强的表现，不如说是缺乏自尊心的表现。一个人缺乏自尊心和自信，就容易要面子，要面子就会想要表现出自己能够完全理解对方的话语，假装自己是一个拥有超强理解力的人。

不懂装懂对于沟通的危害主要是：如果对话中的一方不懂装懂，对话中的另一方就会相信不懂装懂的一方真的懂了，做出对于对方理解情况的错误判断。说话人以为听话人已经理解了自己说话的内容，就会向说话人进一步扩展自己说话的内容，导致听话人不懂的内容像滚雪球一样越来越多，这就会导致沟通彻底失败。不懂装懂，迟早有露馅的时候。即使没有露馅，不懂装懂的人也还是什么都没懂，没有获得任何好处。

如果一个人明明没听懂却要装作自己明白对方讲话的内容，不仅无法取得好的沟通效果，他的形象也会在对方心中大打折扣，也会损害他和对方的关系。

说话人面对不懂装懂的人会觉得这个人很虚伪、很无聊，自己辛辛苦苦地和他（她）说了这么多，换来的却是他（她）的虚与委蛇。这个人在说话人心目中的形象分会被减很多，说话人下一次和他（她）说话就不会再推心置腹或是倾囊相授，人的真诚和热情不是能被随意浪费的。

在日常生活中，不懂装懂可能只是对人际关系有所损害，但在工作中，不懂装懂往往会造成严重的后果。比如，对账目处理的不懂装懂，可能造成财务上的损失；对医疗护理的不懂装懂，可能造成病人的身体问题；对风险预测的不懂装懂，可能导致投资上的大失败。

很多人选择不懂装懂，是因为拉不下面子，觉得承认自己不明白某些事情非常丢人。事实上，坦率地承认自己对于未知事物的无知，既是为自己的工作减少风险，也是为自己的形象加分。没有人喜欢一个不懂硬说懂的虚伪之人；相反，一个承认自己的缺点和无知的人更加真实、可靠。

古时有一位商人想要求县太爷办点事情。为了能投其所好，他便事前向一位差役打听县太爷有什么喜好。县太爷喜爱读《公羊传》，差役见县太爷在休息的时候都手捧一本《公羊传》，读得津津有味、爱不释手。于是，这位商人自信满满地去见县太爷了。聊到一半时，县太爷问他喜欢读什么书，他十分讨好地说："我平生最爱读的就是《公羊传》，其他书一律不看，专门研究这一本。"县太爷又问："那我想请教一下，是谁杀了陈佗？"

这位商人实际上从未读过《公羊传》，甚至都没有听说过，他那样说不过是为了讨好县太爷罢了。他琢磨了半天，面带苦涩地说："我……我平生没杀过人，肯定不是我杀的。"县太爷一听，马上明白了，原来是不懂装懂，还来我这卖弄？县太爷对商人的印象大打折扣，随后故意戏弄地说："既然你说陈佗不是你杀的，那你说说，到底是谁杀的？"

看县太爷一再追问，而且表情变得十分严肃，商人开始惊慌起来，豆大的汗珠从额头上滑落。最后，商人狼狈地跑了出去，连鞋子掉了都不敢回来捡。自然，这位商人再也不敢见县太爷了，他所要办的事情更是无从谈起。

在生活中，我们每一个人都无法做到面面俱到，很多学问或者道理不一定都懂。可是，有些人就喜欢不懂装懂，给自己的不足盖上一块遮羞布，这无疑是一种掩耳盗铃的做法——在真正的专家面前，你是否对此方面有认识，对方一看便知。等到真相暴露的时候，喜欢不懂装懂的人也会为自己的欺骗行为付出惨痛代价。

两小儿辩日的故事大家应该都听说过。两个小孩子在太阳底下议论一天中的哪个时辰太阳距离人类最近。一个说早上，因为太阳又大又圆。一个说正午，因为太阳灼烧着大地，十分火热。正在两人争执不下的时候，孔子路过了，两个小孩便问孔子："夫子知道答案吗？"孔子如实回答："我也并不知晓。"两个小孩儿都十分诧异，他们没想到连著名的孔子都不知道这个问题的答案。

孔子的弟子也十分好奇，便问孔子："到底哪个小孩儿说的对呢？"孔子说："我确实不知，只好回答不知。这也是为人处世的一种态度，知道就是知道，不知道就是不知道，这是聪明的做法，不要自作聪明，这样早晚会露馅。"

孔子的著名言论"知之为知之，不知为不知，是知也"让后世的中国人都十分推崇，人们对孔子谦虚、谨慎的态度也十分赞赏。

不懂装懂不会让人变成一个学者，只会让自己跟着朦朦胧胧的感觉走下去，长此以往必定会出现错误。大家应该养成不懂就问的好习惯，在自己的面子还没有那么重要的时候，为了面子而硬撑着走下去迟早会出错。

所有人都是从不懂到懂，从一知半解到样样精通。行家之所以成为行家是因为他们在努力求索的这条路上总是敢于不懂就问，而很多人却因为自己缺乏自信心一装到底。

要克服不懂装懂这个坏习惯，就要增强自信心，敢于说"我不知道”。每个人的理解力不同，对于新知识的接受程度也不一样，没有听懂对方的意思既不奇怪，也不耻辱，只是一件平平无奇的小事。

语言学家王力曾经说过，他的恩师王国维每次上课遇到学生问到他不懂的问题时，他都老老实实地回答“我不懂”。一堂课下来，王国维会说好多个“我不懂”。国学大师都以“知之为知之，不知为不知”为做人做事的准则，普通人更应该踏实做事、老实做人，以“不懂”为台阶向“懂得”努力，在交流中坦诚待人。

当谈话中出现你听不懂对方的话的时候，也有可能是对方的表达出了问题。在沟通和交流中，双方都秉承诚实和透明的原则，对对方说实话，这样就能让对话顺畅地进行下去。

为什么你的女朋友又抓狂了

倾听者的话：没有完全了解女人的男人，但有能听懂言外之意的男人。

在谈恋爱的时候，男人往往会抱怨自己的女朋友动不动就生气，而且生气的原因自己从来都不知道。男人们往往会觉得自己莫名其妙就成了撒气筒。男人和女人的思维方式纵然有所不同，但并不是不能够相互理解。沟通和交流的顺畅程度，很多情况下是决定一对情侣的日子过得顺不顺利的重要指数。懂得倾听女人话语之中丰富的潜台词，男人才能懂得让自己的心上人经常开心的诀窍。

陈峰和阮月是一对大学里的情侣，金融系的阮月是校学生会宣传部的成员。陈峰是化学系的“学霸”，长得一表人才，就是不太会说话。阮月经常和陈峰讨论学校里的种种趣闻，陈峰也会和她分享生活中的一些见闻。

有一天，阮月正好看见陈峰和同班的另一个女生边走路边说话，两个人有说有笑，谈得非常开心。阮月心里不太舒服，后来就问陈峰当时和他说话的女生是谁。她的语气和表情都很平常，完全没有在意或事吃醋的样子。陈峰没有觉察出这问话有什么危险，大谈特谈他和同班的那个女生投缘，一个劲地夸那个女生特别出色。阮月静静地听完，然后开始了和陈峰一个月的冷战。

从第三者的视角来看，上面例子中的陈峰的话语简直蠢得不能再蠢。但是，作为当事人，他其实根本没意识到自己的话会对阮月的情感造成巨大的冲击。任凭谁听见自己的恋人对另一个异性的大肆夸赞，心里也不会好受的。

爱情是一种绝对排他性的关系，一个人和自己的恋人之外的人走得近了，恋人很容易“吃醋”。男人应该懂得和自己的女朋友之外的女人避嫌；同理，女人也不应该和自己的男朋友之外的男人走得太近。这并不是说男人不可以有女朋友之外的女性朋友，但男人至少不应该在女朋友面前表示出自己和女性朋友的亲密，应该将女性朋友的感受的优先级远远放在女朋友之下，更不应该在女朋友询问女性朋友相关情况的时候，说自己和女性朋友的关系有多好。

当女人问她的男朋友和其他女人关系怎么样，她的潜台词是：你最好离她们远一点！当女人跟男朋友说一个东西好贵时，她的潜台词是：你能不能给我买呀？当女人跟男朋友说自己又变胖了，她的潜台词是：快说我很瘦。当女人跟男朋友说有个女人长得真好看，她的男朋友千万不能随声附和，说被她夸的女人确实长得好看，一定要说那个女人没有她好看——女人之所以会在男朋友面前夸别的女人，就是因为想看看她的男朋友是不是把她放在心上。

女人的思维方式和说话方式与男人并不一样。男人的思维方式比较直来直去，并且说话毫不婉转。男人一般想到什么就说什么，直截了当地表达出自己在第一时间的想法。男人觉得一件东西不好看就说不合适，觉得一件商品的价格太贵就说价格高，觉得谁长得不好看就是丑、长得好看就是漂亮。而女人的思维方式是九曲回肠、柔软婉转的，说话的潜台词和暗示也更多。女人绝对不会想到什么说什么。一般来说，女人对自己想要表达的意思都要思量两三遍，再用最为委婉的方式说出来。

如果一个女人看见一件东西太贵，那她绝对不会说是因为太贵而不想买，而是找一些比如颜色不合适、款式太陈旧的借口来托词不买。如果她看见某个女明星长得不好看，大多数情况都不会直接评价其美丑，而是说谁长得比她好看。如果她不喜欢班上哪个同学或者公司里哪一个同事，她会说她自己对这个人没什么意见，但这个人性格有问题或者工作做得不好。

女人面对男朋友的时候就更有趣了，女人常常会佯装无事的姿态跟男生说一些明明自己非常在意的事情。这会让男人完全听不出女生在意的事情是哪一件，以至于放松了心态，经常说一些不过脑子的话，让女朋友生气。

各位男士在对待女朋友的时候，一定要小心谨慎。很多时候，女朋友的话是要反着听的。女朋友嘴上的不在意不是不在意，女朋友说自己没事不是没事，女朋友说她一切都好不一定是一切都好。

想必很多男人都有过这样的经历：那就是女朋友发短信说自己身体不舒服。这时候，男人一般都会问怎么了，女朋友一般都会说她们没什么事。如果对话到此就结束了，这个男人基本上已经在女朋友心里重重地扣了一分。正确的做法是继续追问女朋友有没有吃药，需不需要自己陪她去医院或者去买药，再问一问女朋友要不要吃点什么好吃的，明天需不需要请假，需不需要人陪……把这些流程走完，能做的做完，这样的男人才算一个优秀、体贴的男友。

别在对方意犹未尽的时候说“我也是”

倾听者的话：优秀的倾听者在与人沟通的时候不会着急打断对方。

有些人聊天时会让说话人还有一些内容想要说出时直接结束对话。比如，“我也一样”“我也是”“我明白”“我了解了”等话语出现的时候，会让谈话的另一方觉得你已经接收到了所有信息，并且你已经不想再继续谈下去了。但是，事实却有可能是你说“我也是”的时候，另一方还有话想要说。

让我们来看这样的两段对话。

“你最近怎么样？”

“还不错，正在忙着找工作。在人才市场到处投简历，有几个公司给我发了面试消息。”

“哦，那真不错，面试一定要注意穿着合适，要举止得体。最好穿正装，面带微笑，最好能画个淡妆……”

“我知道了！我最近也查了不少的面试攻略，你放心吧！”

“今天听说要下雨，你带伞了吗？我没带。”

“我带了，咱俩一起走吧，你去哪个地方吃饭？”

“咱们去市中心吃饭吧，我在那里发现了好多个有好吃菜肴的饭馆，什么春饼店、酸菜鱼……”

“我也是！那里好吃的确实多，我们去吃烤鱼吧！”

上面这两个例子都是答词应用的反面教材。单独看他们最后的回答似乎没有什么问题，但错误在于在对方还有话要说的时候直接掐死了对话的势头，让对话迅速走向了结尾。本来两个人有不少事能够交流看法，但这些语句会让另一方瞬间感觉又无话可说了。这些语句的共同特点是，它们都是以“我”开头的，实际上是在以说出这句话的人的感受为中心点来主导谈话的节奏。对方明明在表达自己的观点，但在话音未落的时候就横遭抢断，没有了继续演绎上个话题的机会，也没有了开启下一个话题的兴致。

当对方的说话欲望还未消散，说话的尾音还在持续的时候，我们不能贸然地用“我也是”这些语句来回答对方。在谈话的时候，尽量慎用这些总结性语句，这会让对方很难接续对话，也会打断对方的思路。

在谈话时，每个人的思路都是连续的，一旦一个人的思路被打断，他（她）就很难将原先的话语再表述下去。

在倾听中，我们都难免会想要对对方有所回应，对方也的确需要我们的回应，但我们的回应不一定是简单的总结性语句和以“我”开头的自我中心语句。

远远是一个漫画作者，她这段时间在构思自己新的作品的大纲。新作品是一个玄幻修仙的故事，人物命运曲折，剧情惊心动魄。她非常喜欢自己想出来的这个故事，她和自己的一个编辑朋友可可讲述了自己的构思，可可也很喜欢这个故事。

远远把这个故事的情彩情节摘了出来，并且和可可分析了一遍这些情节为什么富有戏剧性。分析完毕之后，可可赞美远远的想法与众不同，并且和远远讨论了一些具体的人物塑造问题。

在和可可见完面，远远和自己的闺蜜阿宁相约喝咖啡，跟阿宁也说了一遍自己的新作品的情节构思。阿宁听完之后，跟远远说自己特别喜欢这个故事，特别期待远远的漫画成品。

远远听完阿宁的话后有些失望，貌似无意地问阿宁觉得这个故事好在哪里。阿宁说：什么地方都很好，这个故事很完美。远远一下子不知道该怎么说下去了。

“都不错”“很完美”“挺好的”这些表示肯定的总结式语句有时会变成谈话中的毒瘤。它们抽象又模糊，说出来不用动脑子，又表示了对对方的赞美，不会得罪人，很多人都愿意用这样的话去回答他人。但是，这样的回答却会让对方瞬间失去说话的欲望。因为这样的回答其实并没有对说话人讲话的内容做出真正的反馈，既没有任何的评论和思考，也没有对对方的话的内容进行挑错和反馈。说话人会感觉自己好像是在和一个自动应答机说话，而不是在和一个有血有肉、有独立思考能力的人说话。

聪明的下属这样和领导说话

倾听者的话：聪明的下属能听出领导话里的真实意图，并给予巧妙的回复。

在工作中，我们看到有些员工就像领导肚子里的蛔虫，把领导的想法摸得十分透彻。古往今来，能猜透领导的意图、摸清领导的脾性并懂得“对症下药”的员工，都能让自己的职场之路一帆风顺。

清朝乾隆年间，有一对著名的冤家大臣，就是宰相刘墉和贪官和珅。他俩素来不合，和珅为了除掉眼中钉、肉中刺，多次陷害刘墉。刘墉也想为国为民除掉和珅这个大贪官。两个人经常发生矛盾。

某次，刘墉设计让乾隆处死了和珅的小舅子。乾隆十分恼火，又碍于“君无戏言”，十分后悔。于是，他对刘墉说：“是不是我让谁死谁就得死，那好吧，我让你死，你现在就去死！”

刘墉反问：“皇上想让我怎么死？”

乾隆随口说：“你家不是有个荷花池，你就跳那里面，淹死吧！”

刘墉没有表现出丝毫不愿，跪在地上说：“微臣领旨，谢主隆恩！”

过了几个时辰，刘墉估摸着乾隆的气也消得差不多了，就回去参见乾隆。乾隆一看刘墉活着回来了，冷冷地问：“我不是让你去死吗？你怎么敢违抗我的命令？”

刘墉跪在地上，说：“回禀皇上，臣刚才回到家中，按您的吩咐跳进了荷花池，不料却遇到了一个人。”

乾隆有点好奇：“碰到谁了？”

“臣遇到了屈原，就是那个楚国的大夫屈原。他见到我就问，你怎么也跑来投水自尽了？当初我投水是因为我怀才不遇，遇上了昏庸的楚怀王，郁郁不得志，一死了之。难道刘墉你也碰到了昏庸的君主？臣仔细一想，我死事小，但不能因此而玷污了陛下的名声。我就对他说，屈原你想错了，当今圣上是雄才大略的明主，楚怀王根本没法跟他比。我不过是不小心掉到水中，我马上就浮起来，继续侍奉明君。屈原听罢，头也不回地走了。万岁，您说我做得对吗？”

乾隆听完，不仅没有责怪刘墉，反而哈哈大笑，放过了他。

我们都知道，刘墉作为一代名臣是有大智慧的。他善于因势利导，最终用机智、幽默的话语在奉承乾隆的同时还消除了彼此间的矛盾。我们在工作中也要学习刘墉的这种语言艺术，在与领导沟通的时候，善于使用幽默的话语，这样往往能够避免摩擦。再者，作为下属也要体谅领导，在他盛怒的时候，不要急着解释、争辩，最好等到对方情绪缓和时再选择恰当的时机与之沟通。

春秋战国时期有著名的春秋五霸，其中就包括雄心勃勃的齐桓公。

齐桓公手下有一位名相，就是被称为“圣人之师”和“法家先驱”的管仲，他鞠躬尽瘁辅佐齐桓公成就了一方霸业。

在齐桓公实现了“九合诸侯，一统天下”之后，他的内心有些膨胀，突然萌生了封禅泰山的想法，并希望以此来彰显个人的功绩。在朝堂上，齐桓公突然提出此事，大臣们都觉得不妥，就当场提出意见，希望齐桓公不要这样做。管仲在一旁，一直没有表态。

心高气傲的齐桓公并没有那么容易被说服，最后决定退朝再议。大臣们纷纷找到管仲，说：“齐桓公最听您的意见，如此张扬的做法为什么您不给予制止？反而一言不发。”

管仲闻言，说：“主公是个争强好胜的人，他不喜欢别人在朝堂当众反对他的想法，私下劝谏往往更起作用。”

当天晚上，管仲夜访齐桓公，陈述了当前利弊。最终，齐桓公欣然取消了封禅的决定。

就像上述事例一样，管仲深知成就霸业的齐桓公心高气傲，不愿听取别人当众的劝阻，这样会让齐桓公很没面子。于是，管仲夜访齐桓公，在私底下进行规劝，这样既让对方容易接受，也不会引起矛盾。我们在工作当中也是如此，当某些领导得意扬扬地表达自己的“高见”时，尽管我们可能有更好的想法，但最好不要当众反对，这样会让领导在下属们面前下不来台，容易造成矛盾。我们可以向管仲学习，找到适当的时机表达自己的观点，这样往往会起到更好的效果。

肢体动作也能表达出最认真的倾听

倾听者的话：倾听也要有姿势，认真的样子更能展现出你是位优秀的倾听者。

在生活中，不少人都遇到过这样的情况。明明你很用心地想给对方提个建议，或者想把有用的东西分享给对方，但对方却心不在焉，不是干这个，就是做那个。在这种情况下，你就会欲望全无，把自己的意见或者建议咽回肚子里。

赵芃是某理财公司的一名职工，她已经在公司工作了10年，却始终没有晋升职务，这让她很苦恼。

赵芃在年底的提干大会上又一次落选了，她忍不住找到副总经理，问今年的提干名单里为什么还是没有自己。副总经理看了赵芃一眼，说：“你想听原因吗？”

赵芃一边抖腿，一边晃着笔：“嗯，您说。”

副总经理看着这样的赵芃，皱着眉头说："如果我在接下来的讲话中你还用这个姿势来听，那我可以保证，明年的提干名单上也没有你。"

赵芃下意识地看了一眼自己的姿势，颇为不好意思地低下了头。

在上面这个例子中，赵芃作为一名倾听者，就没有表现出一名优秀倾听者应该有的姿势。试想，即便与我们平级的同事、朋友在给你讲述一件事时，你表现得心不在焉甚至抖腿、耸肩，对方是什么样的心情，更何况是领导？如果领导在上面讲话，你非但没有全神贯注、洗耳恭听，反而展现出心不在焉甚至不耐烦的姿势，就会让领导反感。你的领导产生反感，升职加薪自然也就泡汤了。更何况，在领导或是长辈跟自己说话的时候，我们保持聆听的状态，不要东张西望，这本来就是最基本的礼节。

在日常生活中，如果你经常在别人说话的时候或抖腿或抠手，就会让对方觉得你根本不在乎他、不尊重他。如果对方很敏感，且很在乎你，那你的不良倾听行为就会让他心痛，或者让其对你产生偏见。如果对方是个乐天派，或者对你不太在乎，就会觉得你素养有些问题，从而对你更加不重视。

有来就有往。你在讲话的时候，若不希望大家心不在焉，那么，你在倾听别人讲话时，就不要做出出格的举动。此外，在对方说话的时候，你不能表现出坐立不安的样子。在对方对你表达内心情绪时，你更需要注意对方的表情，并且运用适当的肢体语言回应对方。

具体而言，我们在倾听中主要有哪些问题需要注意呢？大致有以下几点。

第一，要注意自己的坐姿。在一些礼仪课上，有这样的礼仪训练，当员工在与领导交谈时，虽然椅子有靠背，但下属不能靠在上面，而要留出一定空隙，挺直胸膛。有些人可能会疑惑，明明椅子的设计就是让人靠在上面，反而不让靠，这是为了什么？实际上，一个人的坐姿可以传达出你对说话者的话题是否有兴趣。我们不妨在自己的脑海中设想一下，当我们与别人交谈的时候，你充满激情地侃侃而谈，甚至吐沫横飞，而对方却深深地陷在沙发里，甚至躺在椅子上，你此时此刻的内心想法是什么？大家一定会认为，对方根本没有注意听你的话语，不过是敷衍了事，讲话者很快就没有了表达的欲望。另一方面，这种随意的坐姿给人一种霸道的印象。另外，把颈部靠在椅子背上，总会给人一种缺乏诚意的感觉。这种傲慢、随意的肢体动作，一定会给领导留下不好的印象。那么，我们最好怎么坐呢？如果你浅浅地坐在椅子的前端，你的上半身自然而然地呈现出一种前倾的姿态，这样很容易给人一种耐心聆听的感觉。而且，这种可以随时从椅子上起身的坐姿，也表明了你对对方所讲的话语十分关注和重视，积极、主动的印象很容易就留了下来。

第二，要集中自己的注意力，表现出专注的神情。我们再设想一个场景，当你和一个人谈话的时候，你正说得起劲，而对方总会不时地左顾右看，看看窗外、手机等，你会有什么感受？你一定会觉得他并没有兴趣听你说话，心里很可能在想着其他事情。想要表达出你的真诚，就要集中注意力在对方的话语上，适时地做出反应，表达出你的理解和看法，这样会激起对方聊天的欲望，同时也会让人觉得你是一个真诚的人。

第三，适时做出肢体语言，表现出你的热诚。如果你与别人交流时，对方正襟危坐，四肢僵硬，甚至一动不动，脸上连表情都没有，那你会有什么感受？你一定会觉得对方十分冷漠。无论你说什么，你们两人之间总有千山万水的距离，这样的人很难接近。这样一来，不管怎么交流，你们的谈话都会无疾而终。相反的，如果对方在你讲话时适时地做出一些手势和动作，你就会感到他在认真地理解你的话语，他热情的反应更激起了你说话的欲望。

听见、听清和听懂，倾听到底怎么听

——你想要听什么，你又听到了什么

女朋友在电话里说不生气，你信吗

倾听者的话：通过对方的语气，辨别对方的情绪。

男人们在电话中大都听过女朋友说的“我不生气”，也都领教过女朋友说了“不生气”之后的狂风暴雨。为什么男人就是听不出来女人的“不生气”是假的呢？要怎么倾听才能“听”出女朋友的真实意思呢？

秦成和女朋友冯心在电话中聊天，他们在谈论世界上哪个城市最适合度蜜月。冯心说是丹麦的哥本哈根，那是有小美人鱼雕像的城市，有“童话之城”之称的蒂沃利公园也在那里。而秦成认为中国的上海不仅离得近，而且也足够发达，有迪士尼乐园，有各种文化广场和历史古迹，去上海就足够了。

秦成和冯心因为这个问题不断地争执，冯心觉得去上海不够浪漫；秦成觉得哥本哈根太远，而且不够繁华。秦成话里有些责怪冯心太虚荣、崇洋媚外的意思，冯心很生气。

秦成觉得冯心的语气不对，忙小心翼翼地问她是不是生气了，冯心说她不生气，就开始谈另一件事情了，秦成也就把这件事略过去了。

显而易见，上面故事中的冯心肯定是生气了。本来秦成能听出来女朋友的不对劲，问了一下她生气没有，还不算完全没救，但他居然就把这件事放过去了，这就说明他没意识到事情的严重性。

一般来说，女人说“我不生气”通常都是用来佯装淡定和掩饰自己真正的情绪的。女人通常温柔，她们不会直接表露自己的情感，生气了要说不生气，有事情要说没事情，这是她们检验男人懂不懂她们的方式之一。

如果你像秦成一样不知不觉间毫不讲理地责怪了你的女朋友，千万别信她说的“我不生气”，就算她真的不生气，难道你不应该为你对她完全没有根据的责怪而道歉吗？就拿上例中的秦成来说，冯心只是喜欢哥本哈根的浪漫氛围，每个人喜欢的城市风格都不一样，这和崇洋媚外、虚荣根本没有关系。

当女朋友说出“我不生气”时，男人最好检讨一下自己究竟说了什么惹对方生气的话，如果是自己错了，就老老实实道歉。如果真的是女朋友无理取闹，那就和她好好沟通，争取达成共识。

不仅在恋爱关系中的女人会以“我不生气”掩饰自己生气的事实，在更广泛的人际交往中，很多人都会口是心非地掩盖自己的真实情绪。如何在这种掩盖当中准确地“听”出对方的情绪呢？

赛琳娜，33岁，在某公司的销售部门当销售员。她活泼开朗，学历很高，经验丰富，想要转行从事咨询工作。但是，她身边的同事认为她的能力还不够，她和用户的沟通还不够顺畅。

赛琳娜察言观色的能力没那么好。在一次部门会议中，很多人都不想再进行不可能有结果的讨论了，但赛琳娜仍在坚持阐释自己的观点，结果当然不了了之。赛琳娜很生气，连续一周都阴沉着脸，没跟任何人说话。但是，当他人来问她的时候，她就说自己根本没生气。

首先，你要判断一个人是否是言不由衷，用言语掩盖自己的情绪，就需要对这个人的性格有所了解。在上例中，赛琳娜是一个不会察言观色的人，她会钻牛角尖，会固执己见，会不明白别人的情绪为何而来。这样的人很少会在面部表情上掩盖自己的情绪，也很少有与行动不一致的情绪。所以，她说自己没生气，是在赌气和假装淡定。了解一个人的性格，就会大致上了解这个人因为什么而生气，什么是这个人的怒点和泪点，从而更容易分辨一个人说话的真实度，看穿这个人言语掩盖下的情绪。

很多时候，我们谈话的对象是自己并不熟悉的人，我们需要在重要的谈话开始前做一些信息搜集的功课，对谈话对象的家庭背景、人生经历、人际关系和兴趣爱好有一些了解。如果没办法收集到这些信息，那就努力在谈话的开始阶段认真揣摸对方的性格。

其次，在你熟悉对方的性格之后，你需要认真倾听对方说话时的语气和观察他的表情。语气和表情是一个人情感流露的最直接的方式。哪怕你了解对方的性格，也不一定每一次都能料中对方的情绪波动。所以，对于谈话中的语气和表情等细节的把握是很重要的，要善于把握对方的细微变化，并且迅速反应。

复述一遍，你才知道自己没跟上节奏

倾听者的话：优秀的倾听者懂得及时反馈，复述一遍，才知道自己有没有真正听懂。

在高雅的艺术殿堂里，上演着一幕幕优雅的芭蕾舞台剧。在狂欢节的街头，无数的陌生人跳着热情的弗拉明戈。我们不能坐在芭蕾艺术厅里跳探戈，也不能在狂欢节的街头跳芭蕾。《尚书》有云“诗言志，歌永言，声依永，律和声。八音克谐，无相夺伦，神人以和。”这段话说的是各个音阶相互配合，音乐的节拍非常和谐、优美。悠扬的古琴声不能用浮华的古筝声相配，那样就会打破琴声本身的意境和意蕴。

就像音乐有节奏和旋律一样，说话也是有节奏的，作为一个倾听者，跟上说话人的节奏是非常重要的。说话的节奏不是诗歌和歌词的韵律节奏，而是由说话人的状态起伏和言语的内容简繁共同组成的节奏。我们在倾听之时不能跟上对方说话的节奏，就会出现所答非所问的驴唇不对马嘴的尴尬。

在一个公司的高层酒会上，领导 A 在闲聊的时候先发表了一番对于国际贸易的看法。小刘觉得领导 A 的见解很有价值，在领导 A 说完之后他一直在思考领导 A 的看法还可以怎么完善，缺点在哪里。正当小刘思考这些问题之时，有人问他："小刘，你怎么看？"他不假思索地说出了自己对于领导 A 的看法的意见，但说出口之后，他发现所有人脸上都浮现了尴尬的神色。

原来，领导 A 早就离开了他们的酒席，现在的话题进展到了喜欢什么样的电影。有人发表了一番关于国产电影的发展前景的高谈阔论，因为小刘是电影发烧友，所以，大家想问问他的看法。没想到，他开口居然说的是国际贸易。

在上例中，小刘之所以陷入尴尬处境就是因为他没跟上大家的聊天节奏。周围的人已经进行聊到了电影的话题，但他还停留在领导 A 所说的国际贸易话题里。

在日常的聊天中，说话者的身份是不断流动和转换的，一个说话者说完一段话之后，就会把说话的主动权交给下一个说话者，谈话的接力棒在一个又一个说话者的手中传递。作为倾听者，我们需要紧跟说话角色的转变。

说话人在谈话中是主导整个节奏的，尽管我们在倾听时可以引导说话者的思维，但我们不能沉浸在自己的世界中而脱离话题的流动。

要进入说话人的节奏，需要注意以下几点。

1. 不要在对话中的细节或某个话题上花太多思考的时间。对某个话题的疑惑和思考会导致你的注意力从说话人身上转移到自己的世界里，而没有办法对谈话的流动做出应有的反应，也就开始和别人的谈话脱节了。说话者不会因为你的思考而停下来等你，但你可以通过提出自己的疑问，和说话人相互探讨对于话题的看法等方式来掌控谈话的节奏。

2. 一定要集中注意力，不要走神。在谈话中注意力一旦不集中就会错过信息，说话人在说话，你却在神游天外，等到说话人问你怎么想的时候，你却说请重复一下你刚刚说的话。这会让说话人觉得你并不在意和他的对话，也不重视他，对你的好感会疯狂下降。注意力不集中对于倾听来说是非常有害的，是对说话对象的不尊重，也是对谈话本身的忽视和损害。

面对很多引不起我们兴趣的话题，我们可能想要低头玩手机。面对那些不断在说我们不感兴趣话题的人，该怎么办？还是要听下去。生活中有许多我们不喜欢做却不得不做的事情。我们进行人际交往就是为了扩展人脉，进行良性沟通，获得有效信息。为了达成这些目的，听一些自己不想听的话也是不可避免的。

3. 要有耐心，不要焦躁，适时地引导说话人说话的节奏。人的说话方式各不相同，有些人可能喜欢重复和啰嗦，说了很多话却说不到重点。这个时候，倾听者不能失去耐心，也不能粗暴地打断对方的话，应该想办法让对方把事情说清楚。在面对自己即使认真听也不可能听懂的话题的时候，可以在适当的时机表现出自己的一无所知，来让对方识趣地转换一个有共同语言的话题。

4. 将心比心，体会说话人的心情。当年轻人和长辈、小孩子谈话的时候，经常会因为年龄的差距难以找到话题，长辈通常都会唠叨自己年轻时的往事，小孩子则会有很多关于这个神奇世界的问题。其实，陪老人回忆当初的时光并没有那么无聊，了解他人的经历，对于自己的人生有着重要的借鉴作用。陪小孩子玩耍、回答小孩子的疑问也可能会让我们打开一个看世界的新视角。每个人都有年幼和衰老的时候，当我们是小孩子时，也希望有耐心的大人来回答我们的幼稚问题；当我们老了，也希望有年轻人和我们说说话。所以，将心比心，我们应体会说话人的情感和节奏，不要沉浸在自己的世界里。

小学生都知道阅读理解要联系上下文

倾听者的话：只有联系对方的前言后语，才能听懂对方真正想表达的意思。

一个优秀的倾听者应该能够理解说话人的所有意思，并且不会误解和曲解。要听明白对方的话，最基本的要求就是听全对方的话。每句话都有其上下文语境，如果你只把某一句话单拎出来听而不结合上下文听，就会无法理解说话人真正的意图。

顾言想要向心仪的女生青青告白，他调查了青青的兴趣爱好，准备了很多烘托气氛的话题。青青喜欢旅游、摄影和画画。他们先谈论了青青的旅游经历，青青很高兴地描绘着当年在九寨沟看见的景色，还分享了自己的摄影经验。顾言和青青聊得很开心，但青青觉得顾言说话没什么内容，所以听顾言讲话不是很专心。

顾言在告白前先解释了一下，“今晚月色真美”是日本作家夏目漱石在翻译课上用日本的文化方式翻译的“我爱你”，但青青在想其他事情，没听到这句解释。

顾言因为紧张也没在意青青的眼神游离，非常真诚地对青青说了一句“今晚月色真美”，青青回过神来，没听懂顾言的深意，只是点点头附和“确实很美”。顾言很失望，以为青青对自己根本不感兴趣，于是就没再告白过。两个人就此错过一段缘分。

联系上下文，根据语境做出理解是阅读理解中的基本功，也是对话中的基本要领。在上例中，青青就是因为错失了顾言营造的语境，使双方错过了一段美好的爱情。

言有尽而意无穷，理解语境和上下文的能力显得尤为重要。以下是一个理解语境的小技巧：语境很大程度上取决于说话人说话的时间和地点。例如，我们在课堂上可以提问题，在颁奖典礼时不能提问题；我们在颁奖典礼上可以致颁奖词，但在课堂上不能致颁奖词。

同样的一句“你真是太美丽了，让我不由自主地倾倒”可以在舞会上赞美自己的舞伴，却不能在朋友婚礼上对朋友的新娘说。在不同的场合，相同的话语具有不同的意思。

一天，美国海军前总司令麦肯锡将军忽然很想念他的军校同学马歇尔将军，马歇尔此时已是陆军总司令，麦肯锡便去马歇尔的司令部看望他。

两个人在聊天之中追忆往昔，麦肯锡忽然提到：“我的海军一直被公认为是全世界最勇敢的部队。你的陆军也许差得还太远。”

马歇尔非常不服气，表示他的部队也是全世界最勇敢的。麦肯锡就要马歇尔拿出自己的军队是最勇敢的军队的证据。

马歇尔和麦肯锡走到军队的营地，马歇尔随便叫住一个路过的士兵，指着旁边一辆正要开动的坦克命令：“我命令你，用身体拦住那辆坦克！”士兵大叫：“你疯了吗？我才不干呢。”然后就大摇大摆地走了。

马歇尔并没有生气，反而欣慰地对他的老同学说：“你看见了，只有拥有最高级别勇气的士兵，才会同将军这样说话。”

为什么上文故事中的士兵敢反抗马歇尔的命令？按理说军人以服从命令为天职，他应该无条件地服从上级的命令。但是，他反抗了，而且还得到了马歇尔的夸奖。这就要说到马歇尔发布这道命令的时间和地点了，马歇尔这道命令并不是在战场上发出的，他的命令是在他和老朋友闲谈的过程中、在没有战事的军事基地里发出的。马歇尔并不是为了战争的胜利而让士兵牺牲，他也不可能让自己的士兵因为自己和老同学的意气之争而无辜牺牲。如果士兵按照他的命令去做了，他反而下不来台。这个士兵据此正确地理解了马歇尔的命令。

一个医学院的主任带着他的学生去附属的医院做临床学习。

主任把学生们带到病房前，对学生们说：“大家待会进去后，一定要注意，看看这位患者是什么病，不要说话，以免打扰病人休息。知道什么病就点头，不懂就摇头！”

学生们明白了老师的意图，连忙点头，随后一个一个地走进病房。

躺在病床上的是一位轻微肺积水的病人。看到一个个身穿白大褂的“医生”走进来，难免有些不安。

小李看了看病人的情况，用嘴咬了咬笔杆，思考片刻，无奈地摇了摇头。

小张进入病房，看了看病人的情况，也无法判断患者究竟是什么病，想到万一因为这次实习不及格，老师让我重修学分怎么办，不禁流下了眼泪，摇了摇头。

小刘也进了病房，看了看情况，叹了口气，想到前面两个人都没看出来，我肯定也不行。于是，他唉声叹气地走出病房。

主任刚要对几位学生做出点评，只见病房的门打开了，那位病人扑通一下跪到了主任面前，哭着说："求求你，大夫，救救我吧，我还不想死！"

上面的一则小故事就是告诉大家，在我们说话的时候一定要注意时间和场合，不要做出不合时宜的事情来。比如上例中的几位实习生本以为不说话、光摇头就不会打扰病人了，却让病人以为自己时日不多，吓得哭了出来。这样的事情在我们的身边也时有发生，确实有些让人啼笑皆非。

改天吃饭和明天来家里吃晚饭有什么区别

倾听者的话：学会听懂对方的客气话，接受邀请前确定对方是否是真心邀请。

我们在生活当中都有说客套话的经历，经常是想和对方联络联络感情，想着哪天一起吃一顿饭，说："改天我们吃饭啊！"我们也都有约自己心仪的人来家吃饭时忐忑不安地发出邀请的经历，那时，巴不得把具体的时间和地点重复一万遍，生怕对方不来。客套话和真心话，敷衍的话和认真的话，作为一个倾听者，必须能听出之间的差别，才能在人际交往中如鱼得水。

我们来对比一下下面两段对话。

第一段对话

甲："咱俩周日一起出去玩吧，晚上去我家吃饭，我从同学那学了两个新菜，你可有口福了……"

乙：“我周日要陪我女儿，她不能一个人在家呀。”

甲：“你把你女儿也带过来吧！我们一起去玩！我正想见见她呢！我这还有她喜欢的乐高玩具和小熊维尼故事书！你快把她带过来吧！”

乙：“她有点怕人多的地方，我没法带她挤地铁。”

甲：“没事，我让我老公开车去接你们！”

第二段对话

甲：“咱俩周日一起出去玩吧，晚上去我家吃饭？”

乙：“我周日要陪我女儿，她不能一个人在家呀。”

甲：“哎哟，那真不巧，下一次再说？”

乙：“嗯，下一次有空一定一起去玩。”

从上述两段对话中，我们能很明显地能看出来第一段对话是真心话，第二段对话是客套话。当一个人真心想要邀请你去吃饭，他（她）会尽可能地满足你的要求，为你减少很多困难，即使你好像有推辞的意思，他（她）也会努力让你无法拒绝。一个人如果只是用吃饭邀请和你客套，只要你稍微一推辞，给他（她）一个台阶下，他（她）就会顺势结束话题，也不会和你说具体的下次共餐的时间。

俗话说得好：知人知面不知心。在面对客套话或真心话时，我们要明辨真假可以从以下几个方面着手。

1. 客套话多模糊、抽象，真心话多具体、实际。“我们改天吃饭”“我们下次再约”“等以后再多见几次面”“什么时候我们出去”等，都是没什么具体信息的虚无缥缈的约定。当一个人不是真心想要实现一个邀请的时候，他（她）也不会花太多心力去想自己的邀请要怎么才能成功，要具体到什么时间什么地点。

客套话往往没有什么太大的含金量和诚意，而真心话往往是“我们××日××点出去玩，坐车去公园”，这样的话语具体信息量很多，也比较有可行性。

2. 客套话只有一句，真心话会有很多句。客套话往往在谈话的收尾阶段出现，作为聊天收尾时的礼貌用语。如“下一回我们去玩”或“以后我们有机会去试试”这类话，是对方对你的尊重，说说而已。真心话就不一样了，真心话之所以是真心话，就是因为说话的人对你的确有真心。对方是真心想要邀请你，也是真心想要和你一起去吃饭或是玩耍，就不只是说一句轻飘飘的话，肯定会在一句表示邀请的话之后有其他和这个邀请配套的话。比如，如果你拒绝了邀请，对方会继续询问你拒绝邀请的原因，会努力想办法解决让你不能接受邀请的阻碍。真心话一定不可能只有一两句就完事了，一定会是一个完整的邀请计划。

3. 客套话永远好听，真心话有时难听。当他人有礼貌地跟你客套的时候，无论你跟他人说的是多么不靠谱的计划、多么漏洞百出的决策，他人为了不得罪你，都只会轻飘飘地说上几句好话，绝对不会冒着得罪你的风险指出你的错误和缺陷。客套话是人人都会的，只要说几句“挺好的”“还不错”“没毛病”，既不会惹人生气，又于己无损，百益而无一害。而对于那些想要向听众征求意见的人来说，绝对不能把这些客套话当成对自己说话内容的水准的真实评价。

真心话往往不好听。但是，即使是真诚但拙劣的批评也好过虚伪而精致的赞美。给予你批评的人，至少冒着惹怒你的风险，跟你说了自己的真实看法。无论批评有没有大的价值，都不应该因为那些虚假的客套话而蒙蔽了双眼，从而忽略真正真诚的意见。

4. 客套话语气敷衍，真心话语气真诚。从表情和语气中就能感受到一个人是否在说真心话。当一个人说客套话时，笑容虚浮，语气很飘；而一个人说真心话时，表情生动、热情，语气真诚。

会听比会说更重要，客套话和真心话虽然不是那么好区分，但如果仔细去锻炼自己的观察能力，区分它们也并不困难。

看戏要看轴，听书要听扣

倾听者的话：任何事情都有轻重缓急之分，就像乐曲一样，有快有慢，有低谷有高潮。

一整台好戏中总有一两折是最精彩的，一个故事中总有一两段高潮是最扣人心弦的，一本好书里总有一两个章节是最关键的。在所有纷繁复杂的事物中，有些无关紧要的细枝末节我们不用去理会，但一些关键的内容是我们不能错过的。在现代社会这么快节奏的生活之中，我们需要快速地抓住最重要的信息。

在看一本书的时候，我们需要作一些读书笔记，好理解整本书的结构框架、寻找这本书的重点。我们在倾听他人的谈话的时候，也需要理清他人说话的层次和结构，找到他人真正要表达的重点。

阿杜是一家公司的职员，他经常在上班时偷偷干自己的私活。他的主管有一天下班前和他聊天，他们从一些很平常的话题开始聊起，聊了聊最近的工作进度和生活琐事。

主管跟阿杜讲了讲手头上的项目进展到哪一步了，抱怨了一下合作方有多不靠谱，说他们公司的员工办事情才放心；又说自己的女儿有多可爱；问阿杜打算什么时候结婚，等结婚他一定给个大红包……

两人谈兴正浓的时候，主管忽然话题一转，说他听说隔壁部门有一个员工经常在上班时间干私活，被发现之后受到了处分。阿杜一下子出了一身冷汗，装作波澜不惊的样子应答着，硬着头皮又和主管聊了两句，匆忙地结束了对话。

很明显，主管之所以在前面和阿杜聊了那么久，完全是醉翁之意不在酒。主管的目的是要敲打阿杜，让阿杜以后在上班时间不要干私活。阿杜也领会了主管的意图，掌握了主管讲话中的重点。如果阿杜真把主管的敲打当成无关紧要的闲聊，恐怕下一个受到处分的就是他了。阿杜之所以能够抓住重点，很大程度上是因为主管表述得十分直白，并没有在关键问题上含糊其辞，在敲打之外的话语全部是无关紧要的话。所以，这个重点比较好抓。但是，在很多演讲和讲话里，话语的结构和内容都十分复杂，不是一下子就能听出来的，这就需要我们要有把一段复杂话语简明化分析、看穿其结构的能力。

首先，你需要锻炼自己的记忆力。比如，你听了一个讲座，讲的是现代艺术的种类，或者是如何提高学习和工作的效率。你在听这个讲座的过程中，用脑子记住它每个不同方面的大段落的主要内容，等回去后就把你听过的且记住的内容尽量完整复述一遍，这是最基本的训练。一开始，很少有人能做到完整复述，因为讲话者说话的速度大都很快，你接收的速度和逻辑分析速度很难跟上。这个时候，你需要对所有的内容不去区分层次和顺序地记忆，能记下来多少记多少。就算你根本不可能记全也无所谓。因为你记住了一些之后再回想，你就能想起来你没记住的很多内容。比如，你听完讲座之后，最后听的内容记得最清楚，前面的内容有些忘记了。只要你把后面的部分记住，前半部分一般会自然浮现在脑海中。

其次，你需要在记住对方的话语后，抓住这个人最想要表达的中心意思。你需要了解说话人的背景和身份，还有其说话的目的是什么。

1863 年 7 月 1 日至 7 月 3 日，葛底斯堡之役于宾夕法尼亚葛底斯堡及其附近发生，这场战斗是当年美国内战中最血腥的战役之一，被很多历史学家认为是美国内战的转折点。从此，北方掌握了胜利的主导权。

1863 年 11 月 19 日，在葛底斯堡国家公墓揭幕式中，林肯发表了一个短小而有力的演说，哀悼在长达五个半月的葛底斯堡的战斗中阵亡的将士。这就是美国前总统林肯最著名的演说——葛底斯堡演说，也是美国历史上被引用最多的演说。

这场演说强调了美国因为自由平等而建国，解释了内战的原因是要捍卫美国的理念和理想，并向献身于平等理想的死者学习献身精神，完成人民的理想，使民有、民治、民享的政府永世长存。

如果我们知道葛底斯堡演说的背景，我们就会明白，南北内战中的焦点问题是黑奴制度的废除与否。这篇演说的中心就是要再次陈述废除黑奴制度的合理性和人人平等的理念的正确性。所以说，要做一个好的倾听者，不仅要锻炼自己的记忆力，还要熟悉说话人的说话背景，才能抓住一篇演说或者一段谈话的中心和重点。

炒蛋炒饭，到底是几个菜

倾听者的话：当对方的语句有歧义时，我们应当及时提出疑问。

人们在日常生活中有很多脱口而出的歧义句。比如，“炒蛋炒饭”，不知道是指炒蛋和炒饭，还是要做蛋炒饭；比如，“我叫他去”，不知道是“我”叫人去某个地方，还是指我去叫他、去喊他；再比如，“鸡不吃了”，是鸡不吃食物了，还是人不吃鸡了，差别也很大。这些生活中模糊不清的表述，对于倾听者来说，不仅要联系上下文听出这些歧义句在对话当中的意思，还要听出更多意义不清晰的话究竟代表了说话人的什么意图。

在一家酒店里，圆桌上摆满了酒菜，领导们也都纷纷落座。

一旁的服务员可能没见过这么多领导，有些紧张，有些不知所措。

张董事长说：“服务员，茶！”

服务员赶忙上前用手指着在座的各位，说：“1、2、3、4、5、6、7、8，共8位！”

大家都笑了，张董事长又说：“我让你倒茶！”

服务员又慌张地倒查一遍，说：“8、7、6、5、4、3、2、1，还是8位！”

另一位领导说：“你数什么呢？”

服务员回答：“我属狗呀！”

在座的众人都以为服务员说的是“数狗”，都十分生气，说：“把你们经理叫来！”

酒店经理来了之后满脸赔笑，说：“请问有什么能为大家效劳的？”

张董事长有点反应过来了，问：“你去问问刚才那位服务员多大年纪，什么属相！”

酒店经理有些不解，但还是照办了。回来之后，他说：“各位，我刚问完，她属狗，今年18岁。”

大家都哈哈笑作一团。

上面这则笑话说的就是人们在交流中因话语有歧义而造成的误会。服务员并没有听懂领导们的话，理解成了其他意思，进而闹出了笑话。实际上，我们在日常交流中都要注意当时的环境和语境。在饭店里，顾客对服务员说出“茶”这个音的时候，肯定是要服务员上茶，而不是查数。当然，这种歧义的表达方式，人人都会在生活中遇见。这时，为了避免误会，就要多问，以防出现尴尬情况。

艾米丽是一位心理咨询师，她发现很多病人在回答她的问题时都采用很模糊的语句，似乎根本不了解自己本身的情况。

艾米丽问："你觉得自己最近的心情怎么样？"对方都会说："我觉得很糟糕。"艾米丽追问："你因为什么而感觉糟糕？"百分之八九十的病人会说："我也不知道，我就是感觉很糟糕。"艾米丽继续问："你和家人相处如何？"很多人都会说："很好。"艾米丽整天头疼于如何让她的病人表述得更清楚一些。

艾米丽尝试了很多种方法，她增加了更多的细节问题，让病人去做更多的问卷调查，想要用自己的想法让病人说出更多的事实。但是，病人面对艾米丽的问题却总是支支吾吾，不知道该如何回答，分析调查问卷得出的结果也往往和病人的真实情况并不相符。

最后，艾米丽改变了自己的做法，她不再去问病人具体的问题，而是引导病人说出自己想说的话。艾米丽从一个平常的话题与病人开始聊天，聊窗外的花朵是什么颜色，或者天上的云朵像什么形状，或者病人早上吃了什么、昨天一整天都干了什么……这些话题一聊开，病人往往会打开自己的话匣子，对艾米丽说出很多自己的情况。在艾米丽巧妙的引导之下，病人说出了很多有助于艾米丽了解病情的事情。

艾米丽的事例告诉我们，当对话中一方的答案太过模棱两可和抽象、模糊的时候，一方面是回答方的表达逻辑不够清晰；另一方面则需要提问者善于引导话题，能有技巧地引导回答方，使其表达出真实、全面的意图。作为倾听者，我们应该学会引导对方说话，并让对方说出自己真实的想法。那么，如何才能做到这样呢？

第一，投其所好。在谈话中摸清谈话对象的喜好，并根据谈话对象的喜好抛出话题，引导谈话方向。比如上例中的艾米丽，想与病人顺利地沟通就要激起对方说话的欲望。

第二，我们要在说话之前想好自己本次谈话的目的。在交流的过程中，以达到自己的目的为最终目标并展开交流。比如上例中的艾米丽，她要做的就是帮助病人解开心结。

第三，在引导对方说话时不要一味地问“为什么”，这样会让对方感到枯燥、单调，那种穷追不舍的提问方法甚至会让人非常反感。要注意对方话语中的“关键词”，这样可以巧妙地引导对方与你畅谈下去。

最后，最为重要的一点是：我们要想顺利地把谈话进行下去，就需要有比较好的交际能力。例如，对别人的问题不要总是简单地用“是”或“否”来答复；可以多提一些开放性的问题，给对方广阔的回答空间；不要自顾自地把话题说死，要留给对方发言的空间；交谈也不是辩论或者学术探讨，并不是要对方必须接受你的想法……

孙晓飞是大一的新生，他最近加入了校学生会，也因此认识了很多学校里的风云人物。其中，一位名叫宋鹏飞的学长就是他崇拜的偶像。身为学生会主席的宋鹏飞有些“高冷”，孙晓飞很少有机会能跟他交流。

一次，学生会组织了联谊会，相约到学校旁边的大排档吃晚饭。孙晓飞特意坐到了宋鹏飞旁边，并主动与他交流，但宋鹏飞对太私人的问题也不愿过多回答，只是含糊其辞。

孙晓飞看出了宋鹏飞的心思，改用了迂回战术。他顺着宋鹏飞说的话，一个一个问题地问下去，一直听着对方的讲解。随后，交流渐渐深入，气氛也变得融洽起来，宋鹏飞已经没有了昔日的“高冷”，变得热情、可亲。

这次的交流十分顺利，彼此都留下了不错的印象。过了一年，宋鹏飞从学生会主席的位置上退下，成功地推荐孙晓飞担任下一届学生会主席。

要想顺利地引导谈话，首先要赢得对方的信任和好感。可以先聊对方喜欢谈的话题。随后，当交谈的气氛变得融洽，我们就可以把话题掌控在自己的手中，引导对方谈一谈你想知道的事情。当然，你也可以采用“开门见山”和“直来直往”的沟通方式，这要视当时的情况而定。

多点同理心，沟通错位是角度问题

倾听者的话：想要说服别人，首先就要站在对方的角度思考问题。

在与他人的沟通过程中，我们经常会产生错误读解的问题。错误解读发生的原因有很多，主要原因之一就是每个人有不同的感情表达方式和沟通习惯。

每个人都是独一无二的，每个人对一句话意义的解读都建立在个人经历的基础上。例如，说话人说“父亲”或者“知己”时，可能指他自己的“父亲”或“知己”，而听者的解读则可能有很大差别。

每个人的个性爱好、人生经历、生活态度、知识水平、思维和感觉、价值观、信仰、对个人和他者的期望、道德水准以及心理健康等因素都会影响他对沟通中观点的理解。

小薇的孩子今年已经两岁多了，之前一直是由其婆婆照顾。前不久，婆婆要回老家，就把孩子重新交给了小薇夫妻。自己的亲孙子，奶奶刚一走就十分惦记，经常打电话询问孩子的情况。

一天，小薇碰到了同学，便十分开心地聊了起来。期间，婆婆打来了电话询问孩子的状况，小薇如实回答了孩子的情况。结果，婆婆却突然挂断了电话，没了声音。

小薇以为是婆婆不小心按到的中断通话键，于是打算再回拨回去。同学立刻阻止了她，对她说："等下你婆婆再问孩子的情况，你就说没有平时好，叫你婆婆马上回来。"

小薇大为不解，问："孩子的状况明明很好，我为什么要说不如平时，这样会让老人担心的！"

同学笑了笑说："小薇，你直接告诉你婆婆——孩子挺好的。你婆婆一定会有挫败感，觉得自己没什么价值。你可以说基本不错，但好像不如往常好。这样，一来不会让你婆婆担心，二来你婆婆也会认为自己有价值。"

小薇一听，恍然大悟，说："老同学，你真是个情商高手，太会说话了，怪不得你的家庭那么和睦！"

同学说："其实这也没什么，挺简单的。我们在说话时要记得换位思考，从他人的角度考虑问题。这样，你说出来的话就会特别的动听，你的生活因此也能减少很多矛盾。"

要想把话说到位，就要善于换位思考。所谓会说话的人，就是会换位思考的人，他们的话总是能让对方接受，也最容易接受。

知道别人想听什么，你才知道自己该说什么。就像《论语》中所说的那样，"未见颜色而言谓之瞽"。也就是说，当我们和长辈们交流的时候，要注意对方的神态、脸色，否则就同盲人没什么区别。所谓"察言观色”就是指在交流的过程中注意对方的神情。你越是了解对方的心理，你所说的话也就越到位。

想要成为一个善于沟通的人，就要先学会说善解人意的话。那么，要如何做呢？

首先，我们的话要合情合理，有理有据，这样的话才有强大的说服力。比如《三国演义》中有这样一个场景。关羽被张辽逼到绝路。当关羽准备决一死战时，张辽对他说：“你今天要是死在这里，那你就犯下了3条罪状。第一，当年你们刘、关、张桃园结义，说好同年同月同日死，你怎能先死？你死了，以后谁来辅佐你的兄长刘备？第二，刘备将两位夫人托付于你，你却要一死了之，那两位夫人将如何是好？第三，我赞叹你有一身好武艺，竟然甘心逞匹夫之勇而早死，真让我感到遗憾！”张辽字字诛心，他深知关羽是个忠义英雄，又明事理，此番劝说让关羽回心转意，最后决定暂时归降曹操帐下。

其次，要会换位思考，懂得将心比心，这样说出的话最能打动人。

霍金夫妇的好朋友菲丽帕生病住院了，他们特意赶到医院来看望菲丽帕。到了病房门口，霍金夫人却被护士拦了下来，并告知她：此时的患者只想见霍金一人。虽然霍金夫人满腹的委屈，也只好让霍金先进去了。

霍金夫人控制着失落的情绪，独自坐在走廊的椅子上，等了足足两个多小时，后来竟不知不觉地睡着了。等霍金两人谈完话后，菲丽帕看见霍金夫人正孤单地躺在冰冷的椅子上，十分惭愧，连连道歉。霍金夫人只是笑了笑，说：“生病的人一定情绪十分不好，不愿见过多的人可以理解。我们来的目的也是希望你能高兴起来，看到你开心了，我们的目的也就达到了，千万不要自责。我根本没有怪你！”

菲丽帕听到这番话之后，更是羞愧难当，说：“你真是一个善解人意的好朋友，我能有你这样的朋友很荣幸！”

就像上文故事中的霍金夫人一样，那些善解人意的人都是善于换位思考的。他们能够体谅对方，并给予尊重和包容，这样的人际关系一定十分融洽。

“英雄所见略同”，当然惺惺相惜

倾听者的话：思想上的共鸣最能打动人。

在日常的生活中，我们可能有过这样的经历：当你表达自己的看法、观点或者经历时，对方十分理解，并表示自己也有类似的的看法或经历，于是两个人就像碰到多年没见的好朋友那样越聊越投机，越聊越有共鸣。在心理学上讲，这说明两个人有相识相惜的心理。在这种心理作用之下，双方都觉得自己遇到了知音，就产生了一见如故的感觉。

著名主持人柴静曾这样说过：“只有那些亲身体验过什么是悲痛的人，才能真正理解同样正在遭受苦难的人。那是一种灵魂与灵魂间的共鸣，也是两个相同灵魂的相惜相识，因为苦难让人更加敬重生命。”

白居易说过：“感人心者，莫先乎情。”最能打动人心的往往是那些最为真挚的情感。因此，只要我们在与对方沟通时找到彼此相契合的共鸣点，就能知道对方想要的是什么，从而能与对方进行更好的交流。

有一部十分感人的电影《桃姐》，讲述的是一个叫桃姐的女人在其一生中为别人当了六十多年的佣人。到了她晚年的时候，那位从小被她照顾大的少爷开始反过来照顾桃姐，并把她送进养老院。在她人生的最后一段时光里，这个少爷总是陪伴在她的身边，陪她走完了人生最后一段路。这部电影其实并没有什么大场面，也绝不是什么大制作。但是，很多细节都让人体会到了人情冷暖。很多观众在观看电影的同时，还流下了感动的泪水。

《桃姐》的首映式时上，罗杰弯着胳膊，而桃姐则挽着罗杰。桃姐夸罗杰英俊帅气，罗杰也反过来说桃姐是个大美女。走上台的时候，两人互相叮嘱着要小心。在这些细节上，观众们看到主仆间真情的流露，仿佛在看自己身边发生的事情一样。那种感同身受和贴近生活正是电影的成功之处，直抵人们内心最为柔软的地方，把人感动得热泪盈眶。

“动之以情，晓之以理。”人们往往会因为感动而很快改变自己的看法。如果我们想要说服别人，也要明白这个道理，很多你认为理所应当的事情，别人不一定会有同样的看法。但是，如果你能调动起对方的情感，让彼此产生共鸣，那么，很多沟通障碍都会迎刃而解。

伽利略在年轻的时候立志要在科学研究方面有所建树，但他的父亲却并不认同，两人也因此而争论过多次。

有一天，伽利略为了说服父亲，对他说：“我有一个问题，请问您当年为什么要跟我的母亲结婚？”

父亲回答：“当然是因为我看上她了。”

“那您有没有娶过别的女人？”伽利略接着问。

“并没有，我的儿子。当年，家里人一直想让我娶一个有钱人家的女儿，但我只钟情一人，那就是你的母亲，当时的她是一个十分有魅力的女孩。”

伽利略接着说：“您说得一点没错，您并没有娶过其他女人，因为您爱的人是我的母亲。这就像我现在面临的处境一样，除了科学研究之外，任何其他职业我都不会选择。因为我真正喜欢的只有科学，就像您深爱着我的母亲一样。”

父亲说：“为什么像我深爱你的母亲一样？”

伽利略回答：“我亲爱的父亲，今年我已经18岁了，我的同龄人都已经开始考虑自己的婚事了，而我却从来也没有想过这方面的问题。我从不曾与人相爱，我想以后也不会。别人都想找一位美丽动人的姑娘作为终身的伴侣，而我则只愿与科学为伴！”

听了伽利略的话，父亲改变了自己的想法，他再也没有要求伽利略放弃科学，反而尽自己最大的努力去支持儿子。最终，伽利略成了世界著名的科学家。

上面的故事中，伽利略就是采用心理共鸣的方法巧妙地说服父亲的。

在这个世界上，没有谁能完全了解另一个人，这也是人们之间为什么会出现很多隔阂的原因。为了能让对方更能明白你的心意，我们不妨尝试着先从对方的话中找出彼此的共鸣之处，就像故事中的伽利略一样，他把自己的科学事业比喻成了父亲的爱情。这样一来，父亲很快就体会到了伽利略的感受，再也不勉强儿子做自己不喜欢的工作了。

多数时候，你无法说服别人，是因为对方无法理解你的感受。其实，只要通过倾听，找到彼此的共同点，就能让对方很快理解你的想法，与你产生共鸣。

关于刚才的话，我有几个问题要问

——听完了就完了吗？要做好反馈

笑一笑，证明你知道对方讲的是个笑话

倾听者的话：对别人的微笑回应既是尊重的表现，也是高情商者的待人之道。

在生活中，我们经常会遇到这样的事情：明明你想给大家讲个笑话，但讲完之后却没人捧场，甚至有人还会说你无聊。其实，听别人的笑话而不笑是一种无礼的表现。在与人沟通时，不管对方讲的笑话有多么不可笑，都要适当地给予一些回应，冷场的情况一定会让对方感到尴尬或不知所措。如果你还一脸冷漠，一定会让对方觉得你是个傲慢、自大的人。相反，如果你能积极、主动地回应对方，就能起到相反的效果。有时，对方自己也知道所说的笑话并不那么有趣、好笑，场面一度十分尴尬，此时最需要什么？一定是有人帮忙救场，免得自己更加难堪。对你而言，可能只是一句话或者简单一笑，却能及时地帮对方解围。

某IT公司的领导在开会时发现大家的积极性都不太高，于是想讲个

笑话活跃一下气氛。

领导想了想，说：“有天，我问咱们公司的某位员工‘你以前当过领导吗’？他说‘当过，我当过科长’。然后，他也问我‘您以前就一直做领导吗’？我说‘我以前当过世界五百强企业的领导’。他很敬佩地问我在哪个公司、是什么职位，我告诉他——‘是腾讯公司，我当过QQ群的管理员’。”

此话一出，在座的员工面面相觑。大家都觉得领导的笑话一点儿也不好笑，反而还有些冷，一时间会场气氛有点尴尬。这时，小张突然捂着肚子哈哈大笑起来，一边笑一边道歉：“对不起，您的笑话实在太好笑了，我没忍住，打扰各位了！”

领导听完笑了笑，会场气氛也开始轻松起来。领导觉得很满意，等到年底时，他略想了想，就把这位笑点低的小张从工程师二级破格提拔到了工程师三级。

有些人会想：这个笑话明明就不好笑，我为什么要违心地笑呢？我要是笑了，就显得我太虚伪了。其实不然，你笑了起码证明你听懂了他是在讲笑话；如果你情商高一些，还笑了两声表示回馈，那就更能证明你的修养和高明了。

如果别人兴致勃勃地给你讲了个笑话，你拉着脸说：“哦？你刚才是在讲笑话吗？真是一点儿都不好笑，太无聊了。”这会显得你没有修养，暴露出你的情商不高。

赵力一直认为自己是个耿直、率真的好少年，他很困惑为什么身边的人都不愿意跟自己交流。

一次，一个女生问他：“你为什么都不跟大家一起玩啊？”

赵力说：“我说话太直了，那些虚伪的人听不惯，我也不喜欢和他们打交道。”

女生想了想，打算安慰一下赵力，笑着说：“我给你讲个好笑的事儿吧。我外甥逃课去网吧上网，正好警察来检查网吧有没有未成年人上网。我外甥冲着网吧老板说‘爸，给我五十元钱吃饭’。网吧老板碍于警察在场，掏了五十元钱给了我外甥。”

“呵呵，有意思吗？”赵力一脸冷漠。

女生被赵力的反应搞得很尴尬，从此以后，她也对赵力“敬而远之”了。

上面例子中的赵力就是情商低的典型表现。而且，这类人的问题还不好解决，因为他们没有认识到自己不受欢迎的问题出在哪儿。他们把情商低当作耿直，把伤害别人的感情当作率真，这其实是不对的。

在我们身边，经常会有人认为自己很耿直。他们从不认真倾听别人的话语，对别人的好意也置若罔闻，甚至把伤害别人当成“心直口快”。其实，他们只有刀子嘴，没有豆腐心。就像有些人很喜欢在别人朋友圈的自拍照下面发“P得真严重”，或在别人晒旅游照的时候酸酸地说“出个国就发这么多照片，不知道的还以为你出地球了”一样。如果你问他们为什么这么讲话，他们就会说：“我性格就这样，直！”如果你跟他们较真，他们则会说：“我就开个玩笑，你至于吗？”总之，不管怎样，他们都有自己的一套道理，他们擅长为自己伤害别人的事实找借口。因此，这类人是社交中最不受欢迎的。所以，我们在与人沟通时，一定要尽量避免例子中赵力的情况出现在自己身上。

在沟通中，愿意倾听别人的话，愿意因对方的好意而给出回应，这不是圆滑，也不是虚伪，而是有素质有教养的表现。因此，当别人为你讲了一个并不好笑的笑话时，不妨笑一笑，证明你知道对方讲的是个笑话，也表明你愿意接受对方的好意。

优秀的反馈者要学会“打乒乓球”

倾听者的话：会聊天的人都是优秀的反馈者。

不知道你是否有过这样的经历：每天出门时，你会跟家人打招呼，“我出门了”“我去上班了”“我去拿个快递”；等到回家时，会告诉家人“我回来了”。如果有，恭喜你，你已经是一名入门级别的反馈者了。

不管是在生活中，还是在工作中，对别人的及时反馈都是有优秀社交能力的体现。不管你承认与否，在职场中，懂得及时反馈的员工总能比一般员工得到更快的晋升。

小董是某企业的人力资源经理，3年前，他还只是一名普通的小职员。现如今，很多当初的前辈都变成了小董的下属，这也让很多公司的老前辈很好奇：他也没有裙带关系，怎么晋升得这么快？

在企业开大会时，一名老员工问总经理：“咱们有很多员工比小董经理更努力，也比他更了解企业的业务，为啥他晋升得那么快啊？”

总经理清了清嗓子，说："其实，我把机会给过你们所有人。各位还记得某次我让你们发布会议通知吗？"

大家想了想，都表示记得：某次，总经理并没有让人力资源部直接发布会议时间，而是随机挑选员工让他们通知其他员工，每位员工都轮了一遍。

总经理继续说："我让各位通知'某月某日，下午3点在A101室开会'。每个人都执行了我的命令。或者把通知打印出来，或者把通知群发给其他员工。但是，只有董经理不一样，他是这么发送通知的——'某月某日，下午3点在A101室开会，收到请回复'。在开会的前一天，我并没有跟董经理要实到名单，他就主动告诉我应到几人、实到几人，并告诉我那些不来参会的员工是什么原因。这种反馈能力就是董经理快速晋升的原因。"

听了总经理的话，大家都沉默了。

就像上文例子中提到的，我们在工作和生活中经常扮演着接受者的角色，却忽略了身为反馈者的角色。就像你约了友人晚上7点吃饭，却忘了提前通知自己的父母或是配偶。你没有把这件事反馈给你的家人，你的家人就会因为你的晚归而担忧。再比如，你约了友人晚上7点出门吃饭，可是单位的领导突然告诉你，现在需要做一份紧急材料，晚上7点半才能下班，你没有把这件事反馈给朋友。过了晚上7点，你朋友问你到哪儿时，你才通知他你要加班，可能8点才会到。这些都是反馈失效的表现。优秀的社交人士会提前把事情与人沟通妥帖，而不是等到对方来问你时才匆忙跟人道歉。

如今的社会是一个人际关系社会，如果我们不能把整体工作以及与别人对接的工作当回事儿，我们就会给人一种"我对你不重视"的错觉，甚至会让你失去一些重要的机会。

及时反馈的作用在于当你收到这些信息的时候，你会主动、及时地把这些和你相关的信息变成一个“闹铃”放在心里或是脑海里，关键的时候，它会自然地响起。当它响起的时候，你就会记起这些事情。

及时反馈往往是高情商者的良好习惯，如果你还不是一个善于及时反馈的人，那么你可以注意以下几点。

第一，注意“及时”两字，优秀的反馈不能拖拖拉拉。当上级领导给你布置工作任务的时候，一定要尽快做出回应。这样上级才能了解你此时的工作情况，这样也能让工作更加顺利。此外，如果拖了很久才回应对方或者压根就没回应，对方一定会感到你十分傲慢，对自己的话也不够重视，这样会给你的职业生涯带来很多没有必要的麻烦。

第二，反馈要主动。一个积极、主动找上级领导请教问题的员工，一定会给人留下工作认真负责的印象。反之，有些人既不懂如何去做，还会默不吭声，仿佛鸵鸟一般，把头扎进土里便认为万事大吉，这不过是一种自欺欺人的做法。当验收工作的时候，你的工作成绩自会一目了然。

第三，培养良好的反馈习惯，这样会让你更受欢迎。有些人总是给人一种冷漠的感觉，因为他们很少对别人说的话做出反馈，好像对别人毫不关心。可能有些反馈确实没有什么实质内容，不过是简单的赞同，但这也能给别人一种亲切、友善的感觉。

第四，反馈要真诚、友善。假如你已经对他人交待的事情或说的话做出了及时的反馈，但人际关系未见好转，这时你就要考虑你的反馈是否真诚、友善。

如果在你的反馈中，对方感到敷衍或者不耐烦，你们之间的关系会发生微妙的变化。相反，如果你能认真地思考，给出真诚、友善的答复，对方一定加深对你的好感。

第五，反馈不一定全是语言上的，如果对方正处在困难之中，你的实际行动才是最好的反馈方式。如果你的一个朋友正处在困境当中，十分需要别人的帮助，此时找到了你，即使你给予再多的劝说也不如用实际行动帮助对方摆脱当前的困境。朋友之间最重要的就是能够互帮互助。每个人都有处在低谷的时期。如果你能在他人最困难的时候雪中送炭，他人可能一辈子都会感激你的帮助。

你还不拿笔把这句话记下来

倾听者的话："好记性不如烂笔头"，把重要的事情记录下来，有百益而无一害。

现代人的生活节奏越来越快，每天要应对各种各样的情况和问题。相对于纷繁复杂的世界，每个人的记忆力是十分有限的。所以，很多认真、细心的人都会有勤记录的习惯。勤记录只是一个小习惯，但这种习惯可能会大大改变你的生活和工作。因为记录会让你变成一个细心、善于观察的人。尽管你的记忆力不算出众，但如果你善于记录，那你也会变成一个"记过不忘"的人，再琐碎、复杂的小事也会处理得井井有条。对于那些十分重要的事，你也不会因为疏忽而忘掉它。

李萍是一家公司的总经理秘书。她在平时的工作中总会随身携带一支笔和一个记录本。当有新的工作安排时，她都会记录下来；当领导有什么喜好或者需求的时候，她也会迅速地记录下来，甚至一些领导的言论也被李萍记在本中。

每天上班时和下班时，李萍都会确认一次自己的工作记录，对今天的及明天的工作内容做到心中有数。完成后的工作，她会在上面打一个红色对钩，这样，那些没有完成的工作就一目了然了。她经常主动提醒领导需要解决的问题，从不让工作赶着总经理走，恰当安排总经理的工作时间。

有一次，公司更换新的办公楼，总经理也换了一个新的办公室。当总经理走进新办公室时十分诧异，刚刚装修的房间的墙面上挂着名家的字画，办公桌上摆放着一株自己最为喜爱的盆景。

总经理十分惊讶，后来得知是李萍所为。原来，李萍有一次无意听到了总经理喜爱王羲之的字和松柏的盆景，便记录下来。在总经理搬到新办公室之前，李萍特意为此准备了一番，以期总经理能快速适应新的工作环境。

对李萍认真、体贴的工作态度，总经理十分满意。就这样，李萍也成了总经理最得力的助手。

上例中的李萍就是一个擅于倾听，擅长把听到的内容做好记录的人。优秀的倾听者都会把有意义的事情记录下来，并且在恰当的时候给予反馈。在会议上或重要的讲座中，优秀的倾听者总会随身带着笔、本，把听到的对自己有益的东西记录下来。

在日常生活中，以纸、笔的形式对长辈、朋友的建议和意见进行记录，也能显示出你对他们意见的重视程度和尊重程度，他们也更愿意把自己的经验传授给懂得尊重和倾听的你。此外，如果是与竞争对手进行辩论，就更要把对方说的话记录下来了。只有认真倾听对方的话语，才能更好地通过记录下来的东西“反馈”对方。

如果你想成为一个善于记录的人，不妨从以下几点入手。

第一，尽量随时携带记录用的工具。相对于手机而言，用传统的笔记本记录会更加高效。在写的同时，也加深了自己的印象。此外，当你翻看的时候，笔记本也更加方便、直观。

第二，养成随时及时记录的习惯。当需要记录的时候，尽快拿出记录工具，完成记录，不要拖延，拖延往往会让你把要记录的事抛之脑后；或者等你想起来的时候，这件事已经超出了有效期。那样的话，记录就失去了意义。

第三，拿出时间来回顾你的记录。记录最重要的作用就是帮助你回顾，以防遗忘。当你在翻看笔记本的时候，那些当时的场景就会很快重现在脑海当中，这样才能保证不出现遗漏。有些人喜欢记录，但很少翻看，这样记录的效用就丧失了不少。

第四，善于发现有效信息。在我们每天的生活中都充斥着各种各样的信息，如果不分轻重地全都记录下来会让你疲惫不堪、毫无效率。所以，我们要本着高效的原则，把一些比较重要的事先记录下来，那些相对细枝末节的琐碎小事可以忽略。

第五，记录也是对别人的一种尊重。当领导传达工作时，看到下属们纷纷记录领导所说的话，也会让人产生好感。

细节决定成败，很多时候，一个小小的习惯就可能产生很大的蝴蝶效应。善于记录会让你的生活更加有条理，也能让你的工作更加高效。

让对方知道你的人跟大脑都在现场

倾听者的话：不走心的反馈会让人感到敷衍甚至愤怒。

在上学的时候，老师们经常会这样批评学生："难道你没带脑子来上学吗？"在老师授课的时候，并非光用耳朵听课就是一个好学生，更重要的是要用心，用大脑思考。虽然同样是坐在教室中的学生，但每个人的听课状态在老师眼中一目了然，谁认真谁走神全都反应在脸上。在工作中和生活中也是如此，如果别人耐心地跟你讲述着一些事情，而你并没有用心倾听，对方很快就会意识到你是在敷衍他。这样往往会给对方造成不好的印象，对方甚至不愿再对你敞开心扉。所以，在日常生活和工作中，一定要注意倾听状态，因为它很可能会影响你的人际关系。

黄俊生是一所高中的高二学生，他坐在教室的最前排，他的位置距离讲课老师最近，也最能听清老师的授课。黄俊生是一个爱学习的学生，但他的性格却有些木讷。当老师在讲课的时候，黄俊生总是呆呆地看着老师，尽管他心都听懂了，但在老师看来，这个孩子可能又在走神。于是，老师经常提醒他注意听讲。

黄俊生的同桌王亚楠却不是这样，在老师的授课过程中，王亚楠目光专注地看着老师，当老师与同学们互动提问的时候，她也常常积极做出反应。就这样，尽管黄俊生和王亚楠都十分努力地学习，但在老师们的眼中，王亚楠是一个主动学习的好学生，而黄俊生总给人一种木讷、不爱学习的印象。

对于上面的这个例子，不知道大家有没有亲身感受过。无论是在学校，还是在工作中，适时地反馈是一件非常重要的事。比如在开会时，领导在台上讲得热火朝天，而底下的员工们都低头沉默，那一定会让领导火冒三丈。反之，当领导讲述或安排工作的时候，员工用眼神和肢体语言示意领导，自己正在认真地听领导的讲话，一方面会激起领导讲述的欲望，另一方面也会让领导认为这是一位积极、努力的好员工。如果你在领导心中留下好的印象，领导也会更加器重你。

想要做到高质量反馈，就需要我们有一个机智的头脑，对别人的问题保持足够的注意力。我们不妨从以下几点入手。

第一，用心倾听。用心倾听是高质量反馈的第一步。也是十分重要的一步。如果你没有用心倾听对方所说的话，那你的反馈根本无从谈起，能做的只有敷衍和应付，这样对方一看便知。

第二，注意力要集中，别给人一种漫不经心的感觉。这点同样很重要。同样是倾听，有些人表现出神情专注，而有些人却会给人一种漫不经心的感觉。这样，无疑会给说话者造成截然不同的两种印象。

第三，认真、快速地思考，做出巧妙的答复。你的思想直接体现在你的语言中，想得越全面、细致，你的回答也就更有质量和说服力。

第四，不要一声不吭或者抢话、插话。高质量的反馈要求我们做出适当的反馈。当别人表达自己的观点时，有时需要你的肯定或者否定的看法，这时你就要表达自己的意见，不要闷不吭声。另外，也不要抢话、插话，这是十分没有礼貌的习惯。

最好的反馈不是句号，是问号

倾听者的话： 擅用疑问句反馈对方往往会取得更好的沟通效果。

我们已经谈论过反馈的重要性了，在人际交往中，你对别人的问话给予反馈是促进双方顺畅交流的第一步。那么，什么样的反馈更好呢？其中一种就是用疑问的语气反问对方，以明确对方的意图。这样不但会让对方对你的认真、细致的态度更满意，而且还能让你更准确地把握对方的用意，可谓一举两得。

某公司会议上，刘经理给员工布置了工作任务，并问大家对此是否有所疑惑。小张和小李都有不解，但表现出了不同的态度。小张十分诚恳地询问了自己不明白的地方。小李虽有不解，但也没有提问，只是按照自己的想法去操作了。

在之后的操作中，问题接二连三地出现了，等小李把工作结果交到刘经理手中时，刘经理发现小李完全没有按照自己的意思完成工作，这让他大为恼火，还给公司造成了不小的麻烦。此后的一段时间，刘经理虽然没有表明，但在心里却产生了看法，认为小李是一个自作聪明的人，交代下的任务自己不清楚也不主动请教，结果耽误了工作进度。此后，刘经理就很少将重要工作交给小李负责了。

通常而言，在给员工安排工作的时候，领导都会注意员工们的反应。因为很多时候，人们能通过观察听众的反应，从而判别出对方是否认真听了自己的话语，以及是否还有什么困惑和不解。如上面事例中出现的情况，领导同时给小张和小李开会，看到员工们可能有所疑惑之后，便进行询问。然而，同样有所不解的人，却做出了不同的反馈。小张积极向领导询问工作中的细节，对于自己不懂的地方虚心地请教。这样领导就会感到小张的态度十分端正，是一个认真负责的部下，虽然有些地方不懂，但这在工作中是十分正常的。不怕员工们不懂，就怕他们的态度不端正，不懂还不主动学习，不但工作效率上不去，还极有可能给公司带来损失。小张积极的询问反馈，不但拉近了与领导的距离，让对方看到他积极的工作态度，还解决了自己工作中的疑惑，最终的工作成果也更让领导放心。小李尽管心有疑惑，懒得向领导询问，自以为是地按照自己的方法操作。这样极有可能与领导的意图产生出入。

在交谈中，一方在表达出自己的观点之后，往往希望看到对方的反馈，以确定自己的话语是否被接受。而在所有反馈中，询问式的反馈最能给说话者带来好感。

我国古代的著名教育家孔子曾这样教育自己的弟子：“举一隅，不以三隅反，则不复也。”其意思就是说：“我在一个问题上举出例子，你们要灵活思考，随后能想到其他方面的问题，这样是我最欣赏的。如果不能这样，我就不会再教你们了。”后来，人们也把孔子的这种学习方式归纳成了“举一反三”，表示学习知识就要思考，要联想到其他方面，再向老师积极询问是否正确。这种“举一反三”的学习方式在我们上学阶段往往被老师们所看重，勤思考、勤提问的学生也更容易受到老师的青睐。学生如果具有“举一反三”的习惯，他的学习效率也一定十分高。

要想提升自己“举一反三”的能力，我们不妨在日常的交流中试着用以下几种方法锻炼自己。

第一，在交流中，别人提出的观点要迅速思考，找到对方要表达的重点内容。这时，你可能会有一些不解和困惑，不要着急，可以等待对方把全部的话语表述完，再提出自己的疑问。

第二，提出的问题要有质量。不要提一些无关紧要的问题，要抓住重点，把最重要的问题最先提出来。如果你的反馈既多又没有质量，对方可能很快就失去了回答的积极性。很早之前的一部动画片中的角色也是这样，《聪明的一休》中有个总是喜欢问为什么的孩子，他对整个世界有太多的疑惑。于是，所有人跟他讲话的时候，他总是会问为什么。刚认识他的人往往能耐心地为他解答，但渐渐地人们发现这个孩子的问题都是一些不着边际或者无人能答的问题。于是，很多人都避免与他说话，都怕他问个不停。

总之，善于用提问的方式对别人的话语进行反馈，不但能解决你心中的疑惑，还能在对方心中树立一个良好的形象，人际交往更加顺畅。

我说我饿了，你却递给我一支马桶刷

倾听者的话：在交流中，一定要明确对方的意图和需求，这样才能做出令人满意的答复。

著名的中国台湾主持人蔡康永曾经说过，“我并不在乎说话之术，而是更在乎说话之道，我的说话之道就是把你放在心上。”在他的话语中，我们能体会到真正会说话的人实际上是更用心的人，他们把对方放在心上，对对方的需求进行观察，随后投其所好，把对方最想要听的话说出来，这样就成了一个人见人爱的说话高手。

《锵锵三人行》是由窦文涛主持的谈话类综艺节目，窦文涛十分善于观察观众们的需求，并投其所好，把观众们最喜爱的东西呈现出来。

多年以来，细心的窦文涛总是观察着观众们的喜好，无论是在服装上，还是在舞台的背景上，都尽量满足观众们的喜好。在节目内容的选择上及观众们对时事的看法上，也都精心揣摩观众的内心倾向。窦文涛这样做的目的只有一个，就是让节目更受观众们的喜爱。

在我们平常的人际交往中，如果想要拉近彼此间的距离，认真揣摩对方的需求是一个十分有效的方法。当你知道了对方最想要听到什么，你所说的话一定是他最爱听的也是最想听的，也就是在说话中做到“投其所好”。然而，想要真正做到投其所好并非易事，因为谁也不是谁肚子里的蛔虫，对方的想法我们怎么能猜得透呢？但是，也不是完全没有方法，首先要抛除掉骨子里的傲慢与偏见，向对方敞开心扉，并用实际行动来告诉对方：我们是站在同一战线的朋友，这样对方就能慢慢地放下心中的戒备、袒露心声。然后，你要对对方的喜好进行观察。你在观察的过程中往往会发现对方的优点和特长。对于这些，你不要吝于赞扬。在这个世界上，没有人会讨厌别人对自己的赞赏。当对方遇到生活中的困难时，我们也要做到换位思考，站在对方的角度上考虑问题。处在困境中的人们最想要听到的当然是别人的意见和解决问题的方法，当你在他人困难时给予帮助，对方也会感恩戴德，你们的关系也会产生质的飞跃。

一个成功的社交高手懂得如何找到对方的“软肋”。每个人都有“软肋”，之所以你觉得有些人难应对，说明你还没有找到这个突破口。我们不妨从以下几个方面入手，寻找这个突破口。

第一，关注对方的生活环境和日常习惯，在一些细节中往往能反映出一个人的喜好和特点。比如，你的朋友经常穿一件印有某个名人的球衣，他八成就是这个明星的球迷。你只要投其所好，一定能赢得对方的好感。

第二，要用心。例如，真正让人感动的礼物并不取决于礼物的价值，而在于能否打动对方。

总之，只要你够细心够用心，就会找到对方的需求和喜好。只要你懂得投其所好，一定会得到对方的青睐。

谨防落入倾听陷阱

——小心！掉入陷阱，怎么倾听都没用

倾听之前先把你的成见“格式化”

倾听者的话：如果别人说话时，你总是带着固有的偏见，那么，对方想跟你交流下去是一件很辛苦的事情。

在对话当中，我们很难不用自己的看法去量度他人的价值观。毕竟每个人都有自己的想法，谈话往往会让各自的想法发生碰撞。如果双方都无法放下成见，谈话就有可能会演变成一场争吵。如果两个人针锋相对、寸步不让，沟通必然是无效的。

每个人都是独特的，在谈话中，我们和对方的观点也不可能完全一致，总会出现或多或少的差异。在大多数情况下，也不会有一个准确的对错判定。也就是说，从对方的角度来看，对方是对的；从我们的角度来看，我们是对的。人们都会觉得自己是对的，对方的想法是让人无法接受的。

我们习惯了展现自己的正确，从而批判他人与我们的不同，进而强调我们的意见。所以，我们会遇见很多坚持主见的人为了自己的成见不断争论、不断吵闹从而根本无法做到有效沟通的场景。

当两个人同样抱着自己的成见，妄图用自己的准则和原则说服对方的时候，对话一定会变成争论，无论这种交流是不是想要进行沟通，到最后都可能引发双方愤怒的情绪。

陈颖最近在纠结自己要不要把两个孩子交给自己的父母带，她公公和婆婆身体不好，无法承担带孩子的责任；或者她要不要做全职太太。陈颖老公坚持让她做全职太太，理由是他一个人的工资就很高，足够支持家庭的开销，而女性应该为家庭和孩子做出更多牺牲。他认为孩子的幼年教育非常重要，并且他自己的工作特别繁忙，也需要陈颖的照顾。而陈颖不希望自己变成一个家庭主妇，认为自己挣钱、保持财务独立才是新时代女性的出路，她希望老公能更多地承担家庭的事务，好让自己能够上班。两个人都觉得自己是对的，吵得不可开交。

上面故事中的陈颖和她老公的争吵明显是因为两个人的观念发生了冲突。陈颖认为女性不应该为家庭牺牲自己的事业，而陈颖的老公认为女性应该为家庭牺牲事业。两个人的观念没有绝对正确或绝对错误之分，都是站在自己的角度和立场出发得出的结论。陈颖和老公都是为了家庭的前景做出自己的选择，都没有犯什么错误。但是，他们都没有放下自己的成见，去理解对方提出意见的动机。

当我们因为彼此有不一样的观点而开始相互说服时，千万注意不要因为不能消除彼此的成见而把对话变成吵架。对话是一种相互谅解的辩论，而吵架则会对彼此之间的关系产生损害。如果对方不能和你的意见达成一致，也许你需要和对方各退一步。

小刘是一个刚刚考上研究生的学生，在刚开学的一个月他选择了自己心仪的研究方向，导师也可以说是该学校的权威人物。小刘对自己学术生涯的开端感到十分满意。

没过多久，小刘的心态发生了变化。虽然他的导师在学术上很有建树，但却是一个固执、古怪的人，为人比较高傲。因为自己的学术能力的确很强，导师很少去认真听取别人的想法和观点。对于自己的学生——一个刚刚迈进学术门槛的学生的思想，导师更是懒得琢磨。每当小刘向导师提出自己的想法时，导师很少用心在听。这种根深蒂固的傲慢与偏见一直扎根在导师的心中，这让小刘十分苦恼。因为一个20岁出头的学生往往有很多想法，但这些还没有付诸实践的看法早早地被扼杀在导师的训斥中。

小刘总是在想：如此新颖的观点为什么导师连一丝注意都不能给予呢？渐渐地，小刘失去刚开学时的积极性了，对学习没有了兴趣，只是按部就班，导师说什么便去做什么。这样的研究生学习与之前考研时的理想截然不同。

死气沉沉的3年研究生生活就这样过去了，毕业后的小刘再也没有了当年的雄心壮志，考博计划也早早打消，找了一份稳定的工作……

在生活中，我们经常能看到像小刘的导师这样的人，他们有很强的工作能力，但却自视甚高，很少认同别人的观点，甚至对别人的想法根本不屑一顾。这种总是带着偏见的人很难受到别人的欢迎，因为他们只赞同与自己一致者，对那些有不同想法的人往往会不假思索地给予否定。这种做法往往十分片面，没有哪个人是十全十美的，人都有优点和缺点，善于接受别人想法的人才能更好地完善自己。

要想成为一个高情商的沟通者，就要先成为一个善于倾听他人想法的人。首先要消除自己的成见，还不能给对方贴上一些既定的标签。比如说，不能一听对方关于男性、女性的观点，就觉得对方是“大男子主义”或“女权主义者”而拒绝沟通。贴标签是阻碍沟通和理解的最愚蠢做法之一。

其次，要学会换位思考，不要总是站在自己的角度考虑问题。在倾听他人说话时，需要把自己定位在对方的角色上。很多时候，你之所以不能理解对方，之所以造成很大摩擦，就是因为你很少站在对方的角度倾听。如果你能设身处地地替对方着想，很多隔阂和不理解就都能迎刃而解了。

最后，要学会多关注和关心他人。如果你只能听到自己的声音，那你一定是个十分自私的人。一个自私的人从来不会顾忌别人的感受，当然也不会理解别人的想法。我们在生活中经常会碰到一些自私的人，他们往往让人十分反感。

如果想成为一个有着好人缘的人，就要在倾听别人的时候，先把自己的成见“格式化”，这样的人往往更幸福，也更受欢迎。

聊得好好的，怎么突然就谈崩了

倾听者的话： 开玩笑要把握尺度，不要拿开玩笑的幌子去伤害别人。

人们大都喜欢有幽默感的人。曾有人作过这样的比喻：毫无幽默感的人就像塑像一般，缺少幽默感的家庭则像极了一家冷清、寂静的旅店，没有幽默感的社会则像极了远古时期那种阴森的石头城。幽默也是一种智慧的表现，那些幽默、风趣的人大多都聪明且充满智慧的。他们能熟练地运用幽默的话语给人际关系增添一剂润滑剂，尴尬的气氛在幽默的调侃中很快就变得让人感到舒适、愉快。

幽默的重要性是毋庸置疑的，但我们也要把幽默和玩笑区分开来，幽默中包含玩笑，但并不是所有的玩笑都是幽默。那些所谓的别有用心、指桑骂槐和粗鄙难听的笑话并不是幽默的表现形式，反而是十分不得体的失礼表现。然而，有些人却完全不自知，反而把这种伤人的言行当成自己幽默的特质，以此来嘲笑和捉弄身边的人。

好朋友之间经常开开玩笑，互相调侃两句，甚至彼此互损几句都是十分正常的，在不伤害对方的同时还能增进彼此间的友谊。然而，别有用心的笑话可能会让彼此间的气氛变得紧张甚至剑拔弩张起来。开玩笑的人感到尴尬，被取笑的人感到恼怒，周围的看客则面面相觑，觉得这个玩笑十分不合时宜，这无疑是过度开玩笑招惹的祸端。

适度的玩笑叫作幽默、风趣，而过度的玩笑就成了嘲讽、侵害。在开玩笑的时候，也要注意时间、地点，并且要因人而异。在严肃、庄重的场合开玩笑，会让人感到不合时宜甚至没有教养。在性格敏感的朋友面前要注重开玩笑的尺度，如果把握不好，很容易伤害到对方，招来厌恶。我国自古就有“病从口入，祸从口出”的名言，其中就包含了很多哲学道理和为人处事的智慧。

开玩笑是一项十分讲究技巧的沟通方式，玩笑开得好，不但能缓解尴尬的气氛，还能增进彼此的好感。如果没有开好，也会带来很多隐患和弊端。所以，我们在开玩笑的时候要多加注意，以下几条原则可供大家参考。

1. 适度原则。我国有一部十分著名的诗歌著作，叫作《诗经》，其中首篇就是《关雎》，它的知名度和影响力远远超越了其他诗歌，并被孔子赞赏为“关雎，乐而不淫，哀而不伤”。其实，这就是孔子十分提倡的适度原则。无论做什么事情，人们都要掌握一个尺度，适度最好，超过和没有达到都是不好的，也就是所谓的“过犹不及”。开玩笑也是一样，你的玩笑是说给倾听者的。如果你的玩笑太过火，让对方感到难堪，不仅伤害了对方，自己也会为此付出相应的代价。

2. 开玩笑要分对象、时间和场合。要站在倾听者的角度看问题。如果你的玩笑让倾听者觉得厌烦，甚至觉得你没有教养，那这个玩笑还不如不开。不分对象地开玩笑，也会产生不一样的结果。如果有人已经明确表示不喜欢成为开玩笑的对象，那就请你停止对他的调侃。如果你不顾对方的反对而继续开其玩笑，不但会激怒对方，对方很快也会给予还击，可谓得不偿失。

3. 玩笑要建立在尊重的基础上，别拿低俗当作玩笑的主题。如果你拿对方的缺陷和弱点开玩笑，是非常没有礼貌的行为。对于那些有身体缺陷的人，他们对自己的缺陷往往十分敏感，特别在意别人的眼光，希望别人把他们当成平常人来看待。所以，千万不要拿他人的缺陷和弱点开玩笑。

总之，你们说话的目的是为了讲给倾听的人，如果你不能注意倾听者的感受，你的话八成会招来倾听者的厌烦。

如何做到既提出意见又不招人反感

倾听者的话：情商高的人从不会一味贬低对方，这样很难被对方接受。

几乎所有人在大学毕业之后都会特别怀念那段风华正茂的青春岁月。因为大学生活可以说是一个学生步入社会的过渡阶段，这一时期人们往往会遇到各种之前不曾有过的经历。例如，毕业答辩的经历总会让人记忆犹新，如果你细心观察的话，你可能会发现那些相当于评委的答辩老师在做出结论时都会注意说话的技巧。他们往往先说论文的优点和长处，随后用一个转折再提出自己的一些问题和意见。这一小小的说话技巧有时能产生截然不同的效果。

某大学有两位泰斗级的教授，一次，他们都被邀请参加当年的毕业生答辩。

在答辩的过程中，一向平和的王教授在听完学生的答辩之后，总是这样回答："你讲得内容我觉得很好，在思路上也很清晰，语言表达也比较准确，观点也没有问题。但是，我还是有一个小建议……"

另一位耿直、急躁的李教授则没有王教授的那种客套话，都是直奔主题，把学生论文的问题用严肃的口吻提出来。

尽管他们都提出了学生论文存在的问题，却收到了截然不同的结果。学生们都对王教授的客套和温和感到亲切，有些学生毕业之后，还专程回来拜访他。而李教授却很少有人问津，甚至有人觉得当年的李教授故意让自己下不来台，以展现自己的学术水平。

就像上面举的事例，很多时候你也会像两位教授那样对别人的工作或者生活做出点评。但是，你知道运用什么样的方式才能让对方心平气和地接受你的观点吗？当人们受到质疑的时候，往往会表现出逆反的心理，很少有人愿意让别人指出缺点。但是，在生活中，我们又会经常面临这种给他人提意见的情况。要做到提出意见且不让对方反感，就需要懂得语言的艺术。上文中的王教授就是一个情商很高的人，在他提出不同的见解时，他总会先赞赏对方。大家可千万不要小瞧这客套话式的称赞，它会让你评判的对象对你产生好感，这样也就不会对你产生强烈的抵触情绪了。

在发表意见之前先肯定对方，也能给对方一个台阶下，不会让对方太过难堪，双方也就不会因此而产生矛盾。同时，这种先扬后抑的表达形式也往往更容易被他人所接受。听到这种善意的意见，人们也大多会欣然接受。

甘罗是战国时期秦国的一名大臣，他曾多次出使其他国家。他 12 岁那年出使赵国，用高超的技巧说服赵国出让了十余座城池。

甘罗年幼的时候，有一天看到爷爷愁眉不展、唉声叹气。他认为爷爷一定是遇到了什么困难，就询问爷爷发生了什么事情。爷爷回答："不知秦王从哪里听说公鸡可以下蛋，让我去寻找一只可以下蛋的公鸡，这可如何是好？"甘罗闻言，愤愤不平，心想：太不像话了，这不是诚心让爷爷难堪吗？小甘罗眼睛一转，想到了一个办法，随后对爷爷说："放心吧，爷爷，我来帮你解决！"

第二天，甘罗来到大殿上拜见秦王。秦王既愤怒又不解地说："你爷爷不来，怎么派你来了？"甘罗回答："我爷爷在忙着生孩子呢，今天没办法上朝啦！"秦王听了哈哈大笑，说："你这孩子真会胡说八道，你爷爷可是男人，男人怎么能生孩子呢？"甘罗回答："秦王既然知道男人不能生孩子，那怎么会有下蛋的公鸡呢？"秦王闻言又气又笑，最后收回了成命。

小孩都会说：这块糖好吃吗

倾听者的话：不要总是按字面意思去理解别人的想法，聪明人会读懂对方的真实意图。

中国人要表达什么意思的时候，总是喜欢用敲边鼓的方式，并不喜欢直接地挑明，甚至一些小孩子都会用委婉的表达方式表达自己的诉求。比如，我们经常会看到有的小孩子指着路边的糖葫芦对妈妈说："这个东西好吃吗？"家长们都清楚，小孩子并不是需要大人做出好吃还是不好吃的回答，而是希望大人买给自己吃。那么，我们在生活中如何分辨那些委婉的表达方式背后的真实意思呢？情商高的人往往能从对方的话语中听出弦外之音。

连小孩都会委婉地表达话外之音，我们成年人的世界更是充满了委婉曲折的暗示与意会。所以，一个真正善于倾听的人，就要学会如何鉴别出对方的暗示。只有这样，我们才能真正了解对方的意图，从而做出恰当的反应。有时，不能读懂对方的意图还会闹出笑话。

有一个特别喜欢找人聊天的人，每到晚上就到邻近的朋友家里与朋友一直聊到深夜才回家。这个朋友的妻子渐渐地感到不耐烦了：这个“聊不完”先生怎么又来了，能不能别总来了！听到妻子的抱怨的丈夫安慰她说：“放心吧，老婆，今天他晚上再来，我想办法让他早点回去！”

到了晚上，“聊不完”先生又来了。他刚刚坐下，他的朋友就对他说：“我听说最近我家附近出现了不少强盗，很多人的衣服和财物都被洗劫一空。”“聊不完”先生闻言，马上告辞离开了。夫妻二人相视一笑，终于把他赶走了。没想到，还没过半个小时，“聊不完”先生又回来了，并神气十足地说：“我怕被强盗抢，于是，我把手表和钱包都放在家里，换了条破裤子和一件旧上衣来，今晚聊到再晚也不怕了。”

这对夫妻听后差点气晕过去，无奈地面面相觑。

上面故事中的“聊不完”先生就是一个不能读懂对方暗示的人，因此给朋友造成了很大的困扰。刚开始，朋友夫妇碍于情面没有拒绝他的拜访。然而，时间长了，他总是如此，确实影响到了他们的生活，最后只好以暗示的方法拒绝他。没想到，这位“聊不完”先生却根本不懂对方的用意，继续这种不受欢迎的拜访。那么之后，这对夫妇肯定会明确地表示出拒绝，直接闭门谢客了。在我看来，这种相处方式根本没有必要，也十分可笑，作为一个成年人，我们要具备基本的思考能力，对别人的意图能有大致的把握，不要像“聊不完”先生那样愚蠢到让人厌烦的程度。

很多时候，人们出于礼貌总会采取不同的方式掩饰自己真实的意图。比如，当你向别人借钱的时候，想拒绝你的人少有会直接告之不想借钱给你，往往会说自己最近手头紧等借口。在男孩追求女孩的时候，女孩大多不会采取直接拒绝的方式，她们可能会说“你是一个特别好的人，但……”面对对方的拒绝，我们要用心想一想，对方的意图到底是什么，只按字面上去理解往往是不够的。作为一个成熟的人，太过天真并不算是优点。

小王刚毕业，他在没找到正式工作之前一直帮父亲做农活。一天，父亲叫他去把新收的花生卖了，并嘱咐他：咱家这花生只卖3元一斤，便宜了不卖。

市场上的行人熙熙攘攘，但小王的花生却很少有人问津。这时，一个老妇人走到小王跟前，问：“小伙子，你这花生怎么卖？”小王告诉她3元一斤。老妇人看了看花生，嫌弃地说：“你这花生上好多土啊，便宜点吧！”小王一看，确实不少土，说：“好吧，那就便宜5角钱！”接着，老妇人剥出一粒花生，说：“小伙子，你这花生粒也太小了，还是不值这个价，再便宜点吧！”小王再一看，果然如妇人所说，确实有点小，说：“好吧，再便宜5角钱。”结果，老妇人还是没买，说：“这集市上这么多卖花生的，却独独没人买你家的，你的花生肯定有问题！”小王一看老妇人要走，有些急了，说：“好吧，我再给您便宜5角钱！”随后，老妇人把花生都买走了。

小王回家后把当天的情况告诉了父亲，没想到父亲气呼呼地说：“咱家那是新收获的花生，有土很正常。而且，这花生的品种是‘小粒红’，虽然个头小，但营养价值高，价格自然也就高。所以，买的人不会太多。那个老妇人之所以挑出各种毛病，并不是因为她真的嫌弃花生不好，她真正的意图是想通过挑毛病来压低价格！”

人们在生活中也经常会遇到上面故事中类似的情况。身边的领导、同事、朋友或者同学等，他们有时会掩饰自己真实的想法，做出一些口是心非的举动。如果我们不能甄别这种表面现象，就有可能使自己变得十分被动。为了避免这种事情的发生，我们不妨按照下面的办法做。

第一，多思考一下事情的来龙去脉，全面考虑对方的真实意图，是否对方还有什么难言之隐。

第二，如果自己实在想不通，不妨向周围的人描述当时的情况，“旁观者清”的道理大家都懂，有时置身事内会让人感到迷茫。

第三，为人要诚恳、真诚。如果对方的要求你实在无法满足，不妨私下以陈恳的态度跟对方表明自己的想法，也许对方就会给予理解或改变想法。

不是你疼了，全世界都会一起疼

倾听者的话：满世界的抱怨不但不能解决问题，还会让你的朋友避而远之。

曾国藩曾写过这样一段话："吾尝见朋友不中牢骚太甚者，其后必多抑塞，如吴（木云）台凌荻舟之流，指不胜屈。盖无故而怨天，则天必不许，无故而尤人，则人必不服，感应之理，自然随之。"

上述的一段话正是曾国藩劝告自己的弟弟不要整日怨天尤人，这样并不能解决任何问题，反而会遭人厌烦。

我们在生活中经常能看到有些人整天怨天尤人，把自己所经历的苦难都归罪于他人，很少在自己身上找问题。实际上，我们每一个人在生活中都会经历各种艰难和困苦，但那些乐观的人更多地会去找到问题的原因，积极、主动地解决身边的问题。所以，我们也常常能看到那些成功的人总是十分乐观和主动的。

那些爱抱怨的人总是把自己的不幸挂在嘴边，每当有人在他们身边时，他们就会自怨自艾。殊不知，满身的负能量很快就扩散到身边人的身上。久而久之，很少有人愿意同他们说话，因为那会给自己招惹一身“负能量”。

大家一定都很熟悉鲁迅笔下的祥林嫂，自从她的儿子死去之后，她的生命就失去了意义，整日抱怨不停。最后，所有人都不再同情她了，都变得十分麻木、冷漠，甚至对其避而远之。这就是抱怨对周围人的影响。那么，我们在遇到困难和挫折时应该如何应对呢？如果企图以抱怨来博取他人的同情，这种同情除了让你觉得自己更加可怜之外，并没有任何用处。可能别人会帮你一把，但真正掌控自己命运的人只有我们自己。不要把希望过度地施压在别人身上，如果自己都不对自己的人生负责，谁又能对你负责呢？

高尔基自幼父母双亡，在10岁时就被迫外出谋生。他到处流浪，期间捡过垃圾，当过鞋店学徒……在饥寒交迫中，他并没有自怨自弃，更没有怨天尤人，反而更加坚强。通过自学，他掌握了欧洲古典文学、哲学以及自然科学等方面的知识。

仅仅上过两年学的高尔基，在他24岁那年发表了自己的处女作——《马卡尔·楚德拉》。这一短篇小说无论是在情节上，还是人物塑造上都让杂志的主编十分满意，当即同意了发表，还会见了高尔基。让杂志的主编完全想象不到的是，如此惊艳的短文竟然出自一个衣着褴褛的流浪汉之手。编辑同意发表之后，要求他用一个笔名，那就是后来为世界所熟知的马克西姆·高尔基。

其实，“高尔基”在俄语里是“痛苦”的意思，而“马克西姆”表示最大的。这个笔名实际上表达的就是“最大的痛苦”之意。高尔基的代表作《海燕》就是那些勇敢者的真实写照，它们从不畏惧“恶劣的天气”，在“暴风雨”下骄傲地挥动翅膀，迎接着苦难。同时，海燕的形象也是高尔基自己的真实写照，他的一生饱受磨难，幼小的年纪就经历了常人无法想象的苦难。但是，他从不退缩也不爱抱怨，面对艰难毅然决然地挺起胸膛。

那些伟大的人都有一颗积极、坚强的心。在困难面前，他们不爱抱怨，因为那样会让生活变得颓废，从而浪费光阴。与其向世界诉说不公，不如坚定地与困难抗争。苦难的经历并非毫无价值，它们磨炼了人的意志，让人成长为一个真正的勇士。相应的，我们也会在生活中看到那些爱抱怨和习惯发牢骚的人。著名诗人孟浩然的一生就诠释了爱抱怨的害处。

唐玄宗开元十六年，孟浩然参加科举考试。结果名落孙山，他极度郁闷和悲伤。好友王维得知，便邀请他来到自己所任职的翰林院，并借此机会安慰他。谁料唐玄宗突然驾到。孟浩然十分紧张，就钻到了床底下。在封建社会，皇帝是九五之尊，欺君可是很大的罪行，于是，王维便向唐玄宗实言以告。唐玄宗并没有因此而生气，反而请孟浩然作诗一首，以此来考考他的才学。孟浩然便吟咏了一首《岁暮归南山》：“北阙休上书，南山归敝庐。不才明主弃，多病故人疏。白发催年老，青阳逼岁除。永怀愁不寐，松月夜窗虚。”

虽然这首诗从字面上看都是些自我责难，但其中却透露着无尽的怨天尤人。叹的是自己的无用，怨的是不被重用。当孟浩然吟到“不才明主弃”时，唐玄宗龙颜大怒，说：“卿自不求职，朕未尝弃卿，奈何诬我？”爱抱怨的孟浩然竟然把自己的悲哀归罪于唐玄宗的头上。唐玄宗感到既无辜又气愤，从此再也没有召见这位大才子，孟浩然只好躲在山林之间来发泄他满腹的哀怨。

孟浩然有才学，却没有受到唐玄宗的赏识，我们不禁要探究原因了。怀才不遇确实是一件十分可悲的事情，但满腹抱怨并不能够解决任何问题，反而让别人感到厌烦。没有哪位领导喜欢一个满腹哀怨的员工，即使他（她）的工作能力再强，也不会受到重用。

那些喜欢抱怨的人总是把不幸归罪于他人，渐渐地，性格也变得放荡不羁、玩世不恭。这样就容易遭人怨恨，一些无心之举也可能会重伤他人。苏东坡曾说过："古人所谓豪杰之士者，必有过人之节。人情有所不能忍者，匹夫见辱，拔剑而起，挺身而斗，此不足为勇也。天下有大勇者，卒然临之而不惊，无故加之而不怒，此其所挟持者甚大，而其志甚远也。"那些怨天尤人的人，总是把不幸归结于外因，从不在自己身上找问题，感叹世风日下，世道不公。这样的人的心态会逐渐失衡。性格在很大程度上影响着人的一生，处于这种状态中的人怎能有美好的人生？为什么抱怨会产生这么大的负能量？如果你站在一个倾听者的角度就能很好地理解了。如果你的身边有这么一位喜欢抱怨的人，那你每天的生活质量将会是怎样的？在生活中，我们要注意身边倾听者的感受，可以从以下几点入手。

第一，不要把抱怨之词常常挂在嘴边。总是把问题推到别人身上，一定会招人厌烦。渐渐地，你的朋友圈会越来越窄，因为没有人愿意无故承担指责。

第二，多从自己身上找原因。每一个人的一生都是要自己走完的，每个人都忙着对自己的人生负责，谁也不会为别人的人生煞费苦心。要成为一个独立自强的人，不要整日的哀叹，要学会完善自我。

第三，抱怨要适可而止。别人的过失可能会对你产生不利的影响，但不要一直不停地念叨，这样不但会让对方感到厌烦，还可能让人失去改善的耐心，从而破罐破摔、顺其自然。

抱怨也要把握尺度，适度的抱怨能缓解自身的压力，让别人知道你的困难处境，从而施以援手。但是，不要过度抱怨，那样只会适得其反。

不是每次“大闹天宫”，对方都能耐心跟你沟通

倾听者的话：“有话要好好说，胡闹和放狠话只会让事态向不好的方向发展。”

在生活中，我们经常遇到这样的情况：小情侣吵架，吵到最后“大闹天宫”。究其原因，都是其中一方不愿意认真倾听、只顾自己“连珠炮”式的“轰炸”造成的。

姜文拍的《有话好好说》的电影中，姜文饰演了一位有话非要不好好说的人物——赵小帅。

当时，赵小帅被女朋友安红抛弃，十分不甘心，并对安红死缠烂打。于是，安红的现任男友李德龙便放出狠话，要教训赵小帅。赵小帅也不示弱，决定以暴制暴，还以颜色，随后一场闹剧就开始了。值得一提的是，由赵本山客串的角色还拿着大喇叭在安红家楼下大喊：“安红！我爱你！”结果，不但让安红感到厌烦和羞愧，还被楼上的人用水泼成了“落

汤鸡”。

《有话好好说》的主旨就是用黑色幽默的手法讲述了有话不好好说的结果。最后，由方青卓饰演的路人大姐在完美地诠释了“有话好好说”的解决方式后，将这场闹剧和平收场。

虽然，《有话好好说》这部电影的情节有些夸张，甚至有些许荒诞，但却十分突兀地展现出了人们浮躁的内心活动。其实，很多没有必要的冲突就在你来我往的斗嘴中诞生，甚至引发了悲剧。

不同的沟通方式可能会解决问题，也可能会激化矛盾。生活中处处有摩擦和碰撞，人和人之间有很大的差异，没有哪个人完全能迎合你的喜好。这就需要我们有一颗平和的心，不要大吵大闹，这样不能解决任何问题。

一位高速公路服务区上的工作人员看到匝道上有一位女子滞留。当时，该女子的情绪十分激动和愤怒，工作人员生怕她做出傻事，于是马上带她回了服务区并进行询问和安抚。随后，女子说出了实情。原来，该女子和丈夫一同开车出门，因为一些琐事，她一直喋喋不休地吵闹。丈夫一气之下，干脆把她扔到了高速公路上，自己开车回家了。如果不是工作人员及时发现，可想而知这是多么危险的事情。

一般来说，夫妻之间发生争吵是十分常见的事情。没有哪对夫妇在生活中没有矛盾，如果丝毫没有矛盾反而更容易出现问题。但是，其中一方总是因为一些琐事而“大闹天宫”，绝不是良好的相处方式。就像上面事例中的妻子，喋喋不休的吵闹让丈夫忍无可忍。当然，丈夫的行为也非常不可取，这样很可能造成无法弥补的错误。同时，妻子也应该反省自己身上存在的问题：自己是不是把胡闹当成了解决问题的方式？

为了避免很多没必要的争吵，并且让事态向良性的方向发展，就要学会站在倾听者的角度思考问题，从而完善说话的方式。具体来讲，有以下几点值得注意。

第一，控制自己的情绪。不要让不良的情绪控制你的心智。我们都知道，愤怒就像挡在路上的石头，本来并不大，只要绕开即可，但如果你一味地踢它、触碰它，这块“情绪的石头”就会越变越大，最后压得你喘不过气来。这时，就应平复心情，冷静下来，然后再理智地处理事情。

第二，注意别人的感受。你的吵闹很可能让别人感到厌烦，一味如此，就会让你们的关系恶化，这样反而适得其反。当你意识到对方感到厌烦时，就要学会停止吵闹。

第三，不要蛮不讲理，对待别人要公平。有些时候，明知道自己的要求有些过分，但还是一味地要求别人，正所谓“己所不欲，勿施于人”，你自己都讨厌的事情，更不要强加在别人身上。

没有听完的“我明白”，其实就是没修养

倾听者的话：听别人说话要有耐心，不要没等别人表述完就急着抢话，这是非常没有礼貌的行为。

中国有句俗话：“听人说话，务必有始有终。”但是，在日常的生活中，真正能做到这一点的人其实并不多。在与他人对话中，当感到疑惑的时候，我们经常会脱口而出：“这话不对吧！”或者，不满意对方说话的语速，没等对方说完就抢话说：“你是不是要说这个意思……”这样没有听完对方的表述就擅自插话、抢话，往往会打断对方的说话思路，很可能使对方一下子就忘记接下来要说什么了。

一个精明且善于沟通的人，即使对方长篇大论地说个不停，也绝不插嘴，因为他们知道这种插话的习惯不但是没有礼貌的行为，而且还十分容易导致对话难以进行下去。

有时候，我们只听了别人一句话的一个开头，就觉得自己已经明白了对方的意图，进而给予打断。但是，实际上，我们往往并没有领会对

方真正的意图，只不过是没有耐心罢了。这种做法不但让对方觉得我们自以为是，还会让人觉得没有礼貌。很多人在小的时候就常常被家长和老师教育：不要随意插话、抢话，这是一种十分不礼貌的行为。连小朋友都懂得的道理，很多大人随着成长却渐渐忘掉了。

实际上，没有人喜欢无时无刻不在滔滔不绝讲话的人，因为人们往往只关心自己的事情，而不愿意过多关注别人。但是，如果有人愿意听你谈论自己，你也会有一种被人重视的感觉。伍尔特就曾说过："没有人能抵挡倾听式的谄媚。"在谈话中，专心致志地倾听并不随意打断对方，其实是你能给予对方的最好也是最有效的恭维。

有一位母亲在微博上向其他家长分享了自己与儿子相处的失败经历。她的儿子本来是个特别健谈的孩子，每天放学回家，他都要和妈妈说一些当天发生的"趣闻"。后来，母亲因为工作繁忙，没有耐心听儿子说这些"趣闻"了，就对儿子说："我知道你要说什么了，妈妈还有更重要的事，你自己玩一会儿……"

渐渐地，儿子便知难而退，越来越不愿意与妈妈分享身边发生的事。一天，妈妈被老师叫到学校。原来，儿子很长一段时间经常被同学欺负，但都没有告诉父母，反而自己一个人默默承受。这次是班主任无意中发现的，马上叫来了家长，并告诉这个妈妈：要多关心自己的孩子，多跟他沟通。这让妈妈十分心疼和自责。

通过上面的事例，我们可以看出，让人际关系变得疏远往往是一些细微的沟通方式的变化。如果你是一个喜欢打断别人或者不愿意倾听别人心声的人，你的人际关系一定存在着问题。就像上面事例中的妈妈一样，看似不经意地打断和不耐烦，却让儿子与自己的关系逐渐疏远，这很可能为家庭矛盾埋下祸根。随着时间的推移，缺乏沟通的母子会越发相互不理解。相反，那些善于倾听的人往往会让对方产生好感。当我们身边的朋友遇到不开心的事时，他们更需要的是一个耐心、真诚的倾诉者。保持倾听，不要随意打断对方，对方的情绪有所缓解后，可能一切难题也都迎刃而解了。

如果你想成为一个善于倾听的人，不妨从以下几个方面做起。

第一，注意观察别人的神态和肢体动作。当一个人急切地要表达自己的意见时，你往往能从对方的神态和动作中看出来。这时，尽量不要打断对方的话语，此时对方一定有很急切的事情需要表达，你的打断会让对方很不舒服。注意观察对方的神情变化，这样能及时弥补自己犯下的错误。

第二，不妨多听听别人说话。很多时候，相对于一个口若悬河的人，一个沉默且善于倾听的人更容易受到别人的喜欢。因为倾听是对别人的尊重，也是一种认可。你如果有足够的耐心去听别人诉说烦恼，会给失落的人一个温柔、可靠的“肩膀”。如果你也是一个不擅于表达的人，不妨用倾听来弥补这个短板。

第三，有礼貌的人往往更受欢迎。那些总是受到人们喜欢的人，大多是举止温雅、大方得体的人，他们懂得如何有礼貌地为人处世，在与他人的交往中，不会做出不得体的举动。懂得更多的礼仪知识会让你被更多人喜欢，生活和工作也能更加顺利。

控制！别冲动

倾听者的话：在交流中，往往会有人对你恶语相加，但不要失去理智，冷静下来想出解决的办法，才是高情商的表现。

在生活中，每个人都会遇到别人的非议甚至指责。情绪容易激动的人往往会因此而怒发冲冠，发起反击。但是，如果你善于总结，就会发现：在愤怒情绪的左右下所做出的行为往往十分不理智，这种方式十分不可取。

刚毕业的库帕多次面试碰壁。一筹莫展之际，他想到了自己的偶像乔治，他希望像乔治那样成为一个无线电界的资深专家。于是，他拜访了乔治，并说出了自己的意愿。但没想到，乔治是个十分傲慢的人，他轻蔑地询问库帕的毕业时间和工作经历。当库帕诚实告知之后，乔治愤然大怒，轰走了库帕。

过了几年，乔治接到了一个电话，那个人声称自己是用手机打来的，并告知自己便是无线电话的发明者。这个人就是库帕。

在之后的一次采访中，一位记者说：“如果乔治收留你，你的发明成果是否会归功到乔治名下？”库帕回答：“不会，如果他收留了我，我一定发明不了无线电话。正是他的讥讽让我化悲愤为力量，另辟蹊径，开辟了新的研究方向。”

上面就是手机发明者库帕的故事。在他郁郁不得志的时候，还遭受到了自己偶像的刻薄打击。当人受到别人的攻击和恶意侮辱时，一定会处于一种十分狼狈不堪的状态。这时，你会愤怒，你会沮丧，但如果只是沮丧、沉沦下去，一切都将无法改变。而库帕的做法是将这种屈辱转化为积极向上的拼搏，最终使自己摆脱了困境，成了一个著名的发明家。

在生活中，我们也经常会像库帕一样遇到各种打击或别人的讥讽甚至是辱骂。当我们面对这些攻击时，如何回击才是明智的做法呢？我想，无论是恶语回击还是逃避退缩都不是聪明的做法。此时此刻，我们要学会冷静下来，让自己心平气和，之后再理性、耐心地考虑这件事。我们还可以使用自嘲的方式，这样很快就会从不悦中解脱出来。但在此之后，我们要认识到自己的不足，把曾经的屈辱变成激励自己前行的动力，最终把握主动，走向成功。

有一次，丘吉尔在一场酒会上碰到了一位女政敌，他俩的关系可谓水火不容。突然，这位女政客端着酒杯向丘吉尔走了过来，接着用手指了指丘吉尔的酒杯说：“如果我是你的妻子，我一定会在你的杯子里下毒！”无疑，这是一句十分恶毒的话，并且充满了仇恨的挑衅。但是，丘吉尔却不以为然，反而微微一笑，友好地说：“夫人请放心，如果我是您的丈夫，我一定会立刻将这杯酒一饮而尽，一滴不剩！”

丘吉尔的一生完美地诠释了“永不放弃”的真谛。他曾多次遭到政敌的恶意攻击，对于一般的人来说，很可能会因此而心态失衡，随之做出愤怒和冲动的行为。但丘吉尔不是这样，正像中国的那一句古话“宰相肚里能撑船”，一位位高权重的高官必须要有博大的胸怀。

其实，在面对别人的恶语相击时，人非圣贤，难免会气愤，这十分正常。但是，情商高的人懂得缓解这种不良的情绪，他们善于控制自己的情绪，迅速让自己冷静下来，然后用心思考解决问题的办法。

如果你也想成为像丘吉尔那样高情商且充满智慧的人，不妨从以下几点入手。

第一，当你被愤怒情绪所淹没时，最好不要急着发作，给自己一个缓解的借口，如找借口去趟洗手间，用清水洗洗脸，让自己冷静下来，这段时间你可思考如何更好地应对当前的局面。

第二，丰富阅历。有些时候，你的愤怒和不解是因为你还没足够地认识这个世界。那些阅历丰富的人很少会因一些琐事而生气，因为这在他们看来根本不值得一提。

第三，学会转换立场看待问题。有些人的恶语相加属于恶意为之，他们的目的就是为了中伤你。如果你因此而愤怒，那就正好钻进了他们的圈套。聪明的人懂得识破这些小伎俩，会站在对方的立场看待这件事。所以，就不会因此而生气，因为完全没必要。

总之，愤怒情绪对人无益，不但会危害健康，还能让你头脑一热做出错事。因此，我们都要拥有不被这种情绪左右的能力。

开口说话，倾听者的“致命一击”

——光听不说是聋子，只会点头是傻子

反方辩友，你能抓住正方的漏洞吗

倾听者的话：抓住对方观点中的漏洞，你的回击会更加精准、有力。

我们都在电视上看过辩论赛，双方的辩论选手持相反的观点互相唇枪舌剑，为的就是让自己方的观点更有说服力。在实际生活中，我们与别人谈话时难免也会发生一些争辩，这种争辩也可以看成是一种小的辩论赛。

要想在争辩中成功，最重要的就是抓住对方的弱点，看透对方的心思，接下来找到一个恰当的时机出其不意地打对方一个措手不及，让对方哑口无言。

首先，我们要做的是找到对方的漏洞，认真、仔细地分析对方的观点。世界上没有任何事是绝对的，凡事都有漏洞和不足，只要你肯开动脑筋，就一定能找到攻击的突破口。然后，我们要选定恰当的时机回击。这就像一场篮球比赛一样，有些选手总是能在最为关键的时候大放异彩，我们也要像他们一样，耐心地寻找时机，一旦成熟，把握住，完成反击。

在与人交谈时，我们往往会与对方的观点发生出入，这时就容易产生分歧，进而引发争论。每个人都希望自己的观点能够说服对方。要想做到这样，就要学会倾听，因为对方的话语中往往会出现漏洞，那些善于辩驳的人总是会在倾听中找到对方的话语漏洞，随后以此为突破口，一举说服对方。

一次，电视台举行了一场知识竞赛。一位男选手表现得十分出色，但身边的主持人想考考他，问："先生，你穿着球衣，说明你一定是个球迷！"

"没错！"

"你一定对足球的知识十分了解了，我问一个问题。你知道球门的网有多少洞吗？"

主持人明显就是在难为参赛选手，但台下的嘉宾和观众还是十分期待对方的回答。

思考片刻，男选手说："我想能问出如此高深问题的人也一定是足球方面的行家，您也一定知道答案。我想听听您的见解！"

主持人有些尴尬，刚推出去的难题，三言两语就被踢了回来。自己也不知道答案，只好找了借口回避了这个问题。

在生活中，我们也可能会遇到上面故事中的情景，对于他人的故意为难束手无策。如果你从对方提问的角度去思考答案，往往就会越陷越深。这时，我们不妨换一个角度寻找对方提问的破绽。

想要成为一个能言善辩的人，首先要成为一个善于倾听的人。要学会在别人的话语中找到不足和漏洞，从而以此为突破口发起回击。要做到这一点，我们不妨从以下几个方面着手培养自己的能力。

第一，要善于分析。结论是需要论证的，如果对方的证据存在一些问题，那他的结论也就不攻自破。想要反驳对方，要能从对方的论证中找到缺点和不足。这样一来，对方的观点就会难以成立。

第二，保持耐心和专注度。如果你是个没有耐心的人，那你就绝不是一个优秀的倾听者。如果你没有耐心倾听对方的话语，你想要驳倒对方就更无从谈起。你还要保持专注，注意力的集中会让你的“嗅觉”变得更灵敏，一旦对方的话语有了漏洞，马上就能发现。

第三，必要时可以引导对方走进你提前设下的“陷阱”。一步步引导着对方说出自己想要的答案，最后达到自己想要的效果。

无论是说服他人还是反驳他人，高效地倾听都是你的得力助手。如果你能善于利用自己的倾听能力，接下来的反驳将会变得水到渠成。

多记多学，你也能成为沟通大师

倾听者的话：没有人能随随便便成功，你只看到了对方能言善辩的一面，却不知道他为此而付出了多少努力。

要想对一样事物有独到的见解，就要多听多看，多记多学。掌握了各种知识之后，你会变成一个内涵丰富、底蕴深厚的人。如果能做到这一点，当你与他人交流的时候，你就能轻松地对答如流。同样，那些丰富的知识和内涵也会让他人感到既有趣又实用，人们也会因此而愿意听听你的看法。想要一个好口才，不下一番功夫是不可能做到的。

刚刚考入传媒大学的晓霞十分自卑，因为相对于其他同学，晓霞总是显得笨嘴拙舌，想到将来的理想是成为一名主持人，她就感到沮丧和悲伤。随后，她找到了负责教授专业课的王老师，陈述了自己的困扰。

王老师温和地说："想要成为一个口才好的人，首先要建立自信。其次，要想谈吐有物就要想方设法地去增加自己的谈资，其中就包括两种主要方法，多多开阔眼界，增长人生阅历；多学习知识，增加知识储备。当你掌握了各种知识之后，你自然就可以轻松应对各种话题。在与别人的沟通中，要学会多听多记。即使再愚笨的人，只要多听多记，都会获得不少新知识，勤能补拙嘛。”

其实，上面故事中王老师所说的方法正是训练口才的必经之路。我们可以想象，有些既不愿意学习又不喜欢倾听的人，他们所说的话字里行间都显得苍白、枯燥，有时甚至颠三倒四、词不达意。

如果你没有充足的知识积累，也没有有趣的谈资，谁都不愿意与你过多交谈。

如果长期不学习、不积累，整个人都会变得无趣和直白。很多人们聊得起兴的话题，你并不知晓。很多著名的典故，你根本闻所未闻。别人用委婉的语句表达出的话外之音，你也根本不能领悟。别人开的玩笑总是那么高雅、有趣，而你的玩笑却过于俗套、无聊。久而久之，你的朋友圈会越来越小，因为你已经变成了一个无聊的人。

一个善于交流的人，他的话总是能引起人们的注意，在只言片语之间表达出自己独到的见解和观点，牢牢地抓住听众的耳朵。同时，他也具有深厚的文化功底，在表达自己的想法时，他能旁征博引、出口成章。中国有个成语叫“厚积薄发”，那些能口吐莲花的人正是如此。在台上简短的几句话可能需要几十年的修炼学习，才能做到让人无法挑剔。

如果大家也想成为一个有独特想法、善于交际的人，就要在平时多多积累方方面面的知识。“读万卷书，行万里路”，积累丰富的经验和阅历，这样的人说话时“才思”才会像“泉涌”一般，给人耳目一新的感觉。

想要成为一个口才好的人，就需要掌握相应的方法。最重要的是培养喜欢阅读的习惯。在阅读的题材上，要广泛涉猎，不要过于单一，尽可能地博览群书，积累各方面的文化知识。在阅读书籍的同时，你也在无意中模仿作者的说话方式，多看一些名家名著，那样会让你变得谈吐高雅、富有文化气息。我们之所以要广泛地阅读，是因为有些人的阅读面十分狭窄。比如，有的人只喜欢看一些娱乐八卦新闻，从不关心时下热点话题；或者只看言情小说，对科普类书籍没有兴趣。这样的人虽然也在大量地阅读，但这种阅读只是为了消磨时间。他们并没有在阅读中学到东西，这样的阅读也没有太大的价值。

如果你是一个热爱学习和善于积累的人，那么，随着时间的推移，越来越多的知识都会储备在你的大脑中。最后，你也能成为懂倾听、会沟通的高手。

“不鸣则已，一鸣惊人”才最震撼人心

倾听者的话：轻易不开口的人往往一开口就很有力度。

日常生活中，我们经常会发现一些奇怪的现象：那些滔滔不绝的人说话往往影响力不大；而那些平时比较沉默寡言的人在关键时刻说出一些看法时，就会受到人们的重视。造成这种现象的原因，可能是因为那些沉默寡言的人并不是没有想法，只不过在一般情况下很少开口。但是，他们一开口，就一定是比较重要的事情。于是，也往往受到人们的重视。

三国时期，东吴孙权手下的大臣诸葛瑾平时是一个沉默寡言的人，惜字如金，很少长篇大论。但是，在关键的时刻，他却能用简要的一两句话表明事情的利弊，让孙权和同僚们刮目相看。

一次，孙权手下校尉殷模因一些小事与孙权发生了误会。一气之下，孙权竟不顾旧情，直接派人把殷模五花大绑，送进监牢准备斩首。大臣们都明白孙权不过是气昏了头才做此决定的，于是，纷纷劝说孙权放了

殷模，可谁都没能劝说成功。当时，诸葛瑾就站在角落里，看着火冒三丈的孙权一言不发。于是，孙权沉着脸，问诸葛瑾：“你为什么一声不吭？”诸葛瑾见孙权发问，思索了片刻，说：“当年，臣与殷模都因战乱而背井离乡，前来投奔主公。可是殷模却不思进取，开罪了主公，罪有应得，我还能说什么呢？”

孙权闻言，曾经殷模不远万里前来投奔自己的情境便浮现在脑海之中。这么多年，他为自己出生入死，自己不但没有好好对待他，还要杀了他，真是让人羞愧难当。孙权回首往事，差点流下了热泪。结果可想而知，诸葛瑾的一句金玉良言让孙权原谅了殷模的过错，最终释放了他。

一向惜字如金的诸葛瑾在关键时刻发言，就更能引起孙权的重视，殷模的性命也因此得以留存。这也让我们知道了话不在多而在精的道理。没有质量的话语，即使说得再多，也不会引起别人的注意，反而会让倾听者觉得厌烦、无聊。

有些人平时沉默寡言，却能在关键时刻说出独到的见解，只用三言两语就能陈明利弊。这样的人在领导或者朋友看来，才是说话十分有分量的人，这样的人也值得信赖和交往。于是，人们遇到困难时也都愿意向他们请教。因此，多说话不如多倾听，厚积才能薄发。

中国的古人对言语的态度都是十分谨慎的，在他们看来，“言如出箭，不可乱发，一入人耳，有力难拔”。信口开河只能让人产生厌烦，滔滔不绝未必就能让人信服。很多时候，长辈们也都会这样告诫年轻人，“祸从口出，言多必失”，不能为了一时之快而不顾听话人的感受。要少说多听，多去揣摩别人的心思，从而减少人际间的矛盾，这样才能使人际关系更为融洽、和谐。

一次，我国古代的大文豪苏轼去拜访时任宰相的王安石。不巧的是，王安石正在会客。王安石只好派下人回复苏轼，让他稍待片刻，并让下人把他引到了书房等候。

来到书房的苏轼也没闲着，一边品着上好的茶水，一边打量宰相大人的书房。只见书房的书案上摆放着几张字迹未干的宣纸，上面是王安石刚写下的字句，苏轼在心中默念：“秋风昨夜过园林，吹落黄花遍地金。”

苏轼细细品味一番，然后摇了摇头，心想王安石大人素有一支妙笔，多少锦绣诗篇都出自他的手，如今怎么能写出如此不合情理的诗句。哪有菊花花瓣撒满地的场景。于是，苏轼自作聪明，在宣纸后面加了两句，“秋花不似春花落，说与诗人细细吟。”

写罢之后，苏轼又细细地品味了一遍，还是觉得稍有不妥，没等再改，因突然有事就离开了宰相府。王安石结束了会客后，苏轼已经离开了，得知其不辞而别，虽有些不满也没说什么。可是，看到书案上的诗句，可把王安石气得够呛。王安石在官策籍上大笔一挥：“少见多怪，缺乏历练”。随后，苏轼就被“放逐”到了黄州去看真正的“菊花落瓣”了。

没有质量的废话只会惹人厌烦，在自己不知道的情况下，还是要保持“知之为知之，不知为不知”的态度。否则，一味地品头论足，管不好自己的这张嘴，不但不会起到好的作用，反而还会给自己带来灾祸。就像上例中的苏轼那样，一时的口舌之快不但没能得到领导的看重，反而让王安石大为反感，认为其没有见识，还喜欢指手画脚，等待他的无疑是领导的惩罚。

想要成为一个说话有力度的人，我们要注意以下几点。

第一，少说废话。不要总说那些毫无意义或者没有价值的话，那样只会让自己变成一个话痨。那些喜欢整日说个不停的人，还没开口，他们的话就已经被别人屏蔽。当他们想讲述重要的事情时，别人也不会注意。

第二，停止唠叨，同样的事不要说太多遍。

第三，当别人向你征求意见时，不要急于给予答复，最好在心中权衡利弊，找到最理想的答案时再给予答复。在没有得到理想的答案时，多听听别人是怎么说的，适时的沉默要比黄金更加宝贵，它会让你之后的话更加有分量。

你能做到“以彼之道，还施彼身”吗

倾听者的话：“以彼之矛攻彼之盾”的回击方法最为有效、巧妙。

很多时候，我们在社交场合经常会遇到一些心怀叵测的人，他们总喜欢用尖酸刻薄的语言嘲讽、挖苦别人。如果我们遇到这样的人，该怎么应对呢？有大智慧的人往往会用巧妙的语言筑起一座防御的城墙，随后反客为主，用充满智慧的三言两语回敬对方，堵得对方哑口无言。这也是一种“兵来将挡，水来土掩”的语言艺术。无论发生什么事情，首先要保持镇定，然后找到对方的言语矛盾，把讥讽、嘲笑原封不动地还给对方。如果你因对方的一句讥讽就暴跳如雷，反而正中其下怀。冷静判断对方话语的真实意图，如果是无意之失，我们可以微微一笑选择原谅；如果对方是有意为之，你也不要客气，因为这种不反击的行为只会让对方觉得你懦弱，以后对方还会再欺负你。

曾任英国首相的威尔逊是一个十分善于演讲的人。

一次竞选演讲中，威尔逊慷慨陈词，台下掌声雷动。

突然，一个人用十分尖锐的嗓音大骂："狗屎，大垃圾！"现场的火热气氛立刻冷却下来，大家都安静地等待威尔逊的反应。然而，威尔逊没有生气，反而风趣地调侃："哦，这位先生，您别着急！你刚刚所提出的脏乱问题，正是我接下来要着重演讲的主题，请耐心等待！"捣乱的人被反击得哑口无言，观众们纷纷称赞威尔逊的机智。

当我们受到恶语攻击时，一味地忍让、容忍只会让对方得寸进尺、变本加厉。这样一来，你就成了任人宰割的羔羊。要想成为一个高情商的人，必须掌握合理还击对方的技巧，让他们也尝尝你的厉害。就像《汉谟拉比法典》所崇尚的那样，"以牙还牙，以眼还眼"。你的敌人不会因你的忍耐而停止攻击，只有适当的反击才能换来真正的和平。

别人嘲讽我们时，往往喜欢针对我们自身的某个缺点或缺陷从而大肆贬低。这时，我们不妨学会顺水推舟、借力打力，把恶语返还给他们，让他们无话可说，再顺势开个玩笑，使气氛也不会因此而尴尬。这种顺水推舟实际上是一种隐形的反击方法，巧妙使用，会产生绝妙的效果。很多时候，面对别人的嘲讽，人们往往微笑一下，不予理睬，这样会把自己憋出"内伤"。而在大庭广众之下，与之发生激烈的争执，又显得小气、难堪。所以，我建议大家多采用这种顺水推舟的反击方法，不但能发泄内心的不满，还能回击对方，身边的人还会为你的语言智慧所折服。

解缙是我国明代著名诗词名家，同时也是一位神童。对此，当地的李尚书颇有微词，决定考考这位神童，就召开了一次宴会，邀请了当地的知识分子们参加。

解缙来到李府后，仆人不让解缙走正门，而让他走小门。解缙十分不满，叫来了傲慢的李尚书，李尚书讥讽他说：“小子无才嫌地狭。”没想到，解缙马上回了一句：“大鹏展翅恨天低。”李尚书只好让他走了正门。

随后，一位纨绔子弟想要取笑解缙一番，便说：“听说你家以卖豆腐为生，不如以此做个对子？”解缙微微一笑，说：“肩挑日月上街卖，手把乾坤日夜磨。”此对十分工整、有文采，在场的人赞不绝口。

另一位纨绔子弟见没占到便宜，有些不满意，看到解缙身穿绿袄，便说：“井里蛤蟆穿绿袄。”解缙也看了他一眼，见其身穿红衫，便冷冷地回了句：“锅中螃蟹着红袍。”大家又是一阵赞叹。

宴会结束之前，李尚书请解缙泼墨助兴。解缙写下：墙上芦苇，头重脚轻根底浅；山间竹笋，嘴尖皮厚腹中空。写完把笔一扔，潇洒地离去。众人细品，既惭愧又佩服。

当我们受到他人的恶意攻击时，不要因此而生气，也不要愤然攻击，而要学会用机智的语言应对这个尴尬的局面。可能我们没有解缙那么高的才学，但只要我们能冷静下来多加思考，做出相对巧妙的答复也不是一件难事。

秀才遇到兵，真的是有理说不清吗

倾听者的话：对于不同的听话对象，你要学会因材施教。

中国有句老话，叫“秀才遇上兵，有理说不清”。这里的“秀才”，指的就是中国古代的读书人，他们往往寒窗苦读，具有一定的文化素质。在古代，也一直流传着“好男不当兵”的说法，他们认为只有没文化的人才去当兵。因此，古代的士兵也都是些不懂文化的粗人。当这两种不同文化背景的人碰到一起时，明明秀才心中有道理，但怎么也无法说服士兵；士兵也没办法听懂对方的意思。

在现实生活中，人与人之间的教育背景、文化差异有很大的不同。当我们与人发生争论的时候，我们真的无法说出道理吗？其实，并不是这样的。只要我们注重方式，无论人与人之间有多大的差异，我们都能顺畅地沟通。

一次，墨子去拜见楚国的君王。他并没有直接说明来意，而是给楚王讲了一个小故事：“我在来楚国的路上遇到了一个有趣的人。他有华美的车子而不坐，却喜欢抢走邻居家的破旧车子。他有美丽的丝绸衣服而不穿，却喜欢偷取邻居的破布麻衣。他有山珍海味而不吃，却喜欢偷走邻居的残羹冷炙。您怎么评价这个人？”

楚王闻言，发出了爽朗的笑声，说：“这个人太奇怪了，简直是得了偷窃病，不偷别人的东西，心里难受。”

墨子接着说：“在我看来，贵国有广阔的领土，而宋国领土不足贵国的十分之一。这就好比华丽的车子和破旧的车子，您有这么广阔的土地，却总想要夺取宋国的弹丸之地。贵国不仅土地广阔，而且物产丰富；宋国则土地贫瘠，人民贫穷。这就好比那个吃着山珍海味的人，却总想着邻居的粗茶淡饭。楚国森林茂密，灌木丛生；而宋国树木稀少，木材贫缺。这就好比那个穿着美丽丝绸的人却总是想偷走邻居的粗布麻衣。以此类推，大王派兵去攻打宋国，不是和那个人犯了一样的错误吗？如果大王执意如此，只会遭到天下人的笑话，也绝不会得到什么好结果！”

此时的楚王犹如被人当头棒喝，如梦方醒，赶忙说：“先生说得对，幸好您及时提醒！”

很多时候，我们在给别人讲道理的时候会用到这种类推的方法。即先为对方提出一种生动、具体的事例，然后由此及彼，引出自己的真王意图。用这种打比方的叙事方法能让对方清楚地明白你的意图。而且，更为重要的是：这种方法相对于直奔主题的方法更加委婉，先用一个小故事缓解气氛，让双方都感到气氛和谐，这样对方也更容易接受你的意见。

向一位非专业的领导汇报工作时，如果你满嘴的专业知识，对方一定很难听懂。我们在生活中也经常会遇到这样的人，他们经常会讲一些虚无缥缈的事情，让人搞不懂他们在说些什么。实际上，他们很大程度上不过是在故弄玄虚和卖弄学识。通过这种方式把人说蒙，从而达到高人一等的目的。这样并不能打动对方，只会让人觉得他们很自负。此外，在与人交谈当中，不要总是表现出狂妄、傲慢的姿态，那样大多不会让沟通顺利进行下去。对方一看到你这种态度，肯定心生不悦，还没说什么就已经产生了摩擦。要想与人在融洽、和谐的气氛中相处，就一定要表现出谦虚、平和、朴实的态度。不要以为这种低姿态会受到他人的轻视。实际上，这种自谦的态度反而能赢得对方的尊敬。傲慢无理则正好相反，如果你不尊重对方，对方更不会尊重你。

其实，每个人都应该得到尊重，与他人谈话的时候，要放下所谓的地位、等级、辈分以及架子等，对他人表现出起码的尊重，这样其实也是在尊重自己。懂得尊重他人的人，也一定会得到别人的尊重和信任。

要想做一名优秀的倾听者，让自己的沟通成功，就必须注意以下几个方面。

第一，尊重对方。想要成功引导沟通氛围，首先就要给予他人尊重的态度。那些傲慢、无理的人，字里行间暴露着骄傲和自负，相信任何人都不喜欢和这样的人打交道。

第二，针对不同的倾听对象采取不同的语言方式。比如，如果你是一个记者，在采访一些社会底层的人时，就要给予他们足够的肯定和关怀，这样往往能获得对方的好感。再如，对于那些文化程度不高的人，你与对方交流要尽量采取朴实无华的语言，不要卖弄才学。如果你卖弄才学，对方不但很难理解你的意图，而且也会反感你。再如，和长辈沟通交流，要表现出恭敬、庄重的态度，这样更容易获得对方的好感。

第三，在陈述观点和引导对话时，要做好功课。不要毫无准备地随意应付，这样很容易让你和对方的交流陷入困境。

凡事要想做好都要用心面对，倾听也是如此，只要你足够用心，没有什么事是不能做成的。

先听完对方骂你什么，才知道对方最怕什么

倾听者的话：攻击言论往往更能暴露一个人的弱点，重要的是你能听出来吗?

《三国演义》是我国的四大名著之一，也是最有影响力的中国古代小说之一。它之所以能流芳百世，远传世界各国，很大一方面在于其塑造了很多非常成功的人物形象。其中最让人称道的就是号称卧龙的诸葛亮，他不但足智多谋、忠肝义胆，而且是一个具有超强口才能力的辩论者。

诸葛亮曾只身来到东吴帐下，舌战群儒。东吴所有知识分子轮番上阵，都被诸葛亮说得颜面扫地。在一次两军对垒的阵前，诸葛亮还骂得身居高位的王朗吐血身亡，让人读后拍案叫绝。大家可能会感到奇怪，同样是高级知识分子的王朗为什么会被诸葛亮骂死？实际上，是诸葛亮抓住了对方的心理弱点。王朗以“顺昌逆亡”的道理企图以强权压迫对方，这也正暴露了魏军的师出无名，曹操虽然身居汉相，但实为汉贼，是个企图颠覆国家的窃国大盗。在当时而言，读书人都是十分看重忠义

的，王朗本为汉朝老臣却被权贵所收买，背叛国家，被诸葛亮当众揭穿，颜面扫地。而王朗又是个十分要面子的人，被人当众骂得如此不堪，最终吐血身亡也就在情理之中了。

我们可以注意到，诸葛亮在与王朗的对阵中，丝毫没有急着反击对方，而是一直耐心听对方讲完。当他找到对方的弱点之后，才发起了致命攻势。很多时候，别人在语言攻击中会经常暴露出自己的弱点，只要你善于发掘，就一定能够找到。只要以此为突破口，你的反击就会变得非常有力，这也是倾听者的一个技巧。耐心地倾听并不代表示弱，反而是聪明的表现，因为在此过程中，善于倾听的人已经准确地找到了对方的弱点，随后的反击也会变得更加致命。

在生活中，我们难免会遇到别人的非议甚至无端的指责，对部分人来说，适当的容忍可能会起到“退一步，海阔天空”的效果。然而，也会有人认为这是懦弱的表现，从而令对方变本加厉。即使是一个善良且不愿与人发生矛盾的人，也要留有自己的底线。当有人恶意触碰自己的原则时，就要适当给予还击，这样才能更好地维护自己的权益。

学习的压力让高中生张娜发胖了很多，同宿舍的一个女生总是因此嘲笑她。一天，张娜向妈妈袒露心声。

妈妈说：“等你高考结束，体重自然就降下来了，不必担心。另外，如果一个人总是喜欢嘲笑别人的体重，那她也一定是个对此敏感的人。你不妨以此回敬她，让她有所收敛。”

张娜回到了校园后，那位喜欢嘲笑张娜的同学又一次拿她开涮，笑着说：“张娜，你应该换到下铺来，因为下铺比较安全！”

张娜闻言，十分气愤，但她很快冷静了下来，笑着回应：“是啊，最近我有点胖了，为此我还专门买了有瘦脸功能的面膜。我看你最近脸胖了不少，都圆了。你要是想用，我可以告诉你卖家地址，挺好用的！”

张娜不经意间的回应，让对方哑口无言，气得脸发青也没有办法。在接下来的好几天，这个同学都特别注意自己的脸，生怕自己也胖起来，着实难受了一阵子。

之后，这位女同学再也不敢嘲笑张娜了，因为张娜已经成功掌握了对方的弱点，只要稍稍以此回击，对方就不再愿意以此为话题。

每一个人都无法让所有人都满意。因此，我们经常会遭到别人的恶语相击。通常而言，忍一时是能起到海阔天空的效果。但是，再善良的人在如今这个复杂的社会里也要学会保护自己。当别人有意中伤你时，要学会给予还击，这样才不会让对方得逞，也能避免这种伤害的进一步恶化。在此过程中，读懂对方的心理也十分重要。很多时候，那些别人攻击你的言论往往也是他们最为在意的。越是在意的东西，就越容易成为一个人的弱点。因此，不要害怕别人说你什么，要注意读懂别人内心的想法。一个优秀的倾听者往往能从对方的嘲讽中找到对方的弱点。这样一来，接下来的反击就会变得十分有效。

良药不一定苦口，忠言不一定逆耳

倾听者的话：高情商的劝谏更容易被人接受，效果也会事半功倍！

邹忌是我国古代的一位大臣，大家都因他的出色劝谏而对其十分钦佩。在劝谏齐王之前，他把自己的经历拿出来作比较，让齐王感同身受地体会到深居宫中十分容易被别人的奉承所蒙蔽，从而有所觉悟。这是一次非常成功的劝谏例子。同样，在历史上，很多有才能的大臣都会向君主提出自己的意见和看法。有些时候，臣子的想法与君王的观点不一致，更有甚者是完全对立的。人们往往会对有勇气直谏的忠臣感到由衷的敬佩，但并不是每个君王都像齐王那样虚怀若谷。如果一个耿直的大臣碰上一位傲慢、昏庸的君主，最终也会以悲剧收场。

谁都喜欢被人温柔以待。打着忠言的旗号刺痛对方，不但很难被对方接受，反而会招来怨恨。因此，我们在生活中就要学会把那些刺耳的直言用一种委婉的方式表达出来，这才是语言的艺术。

曹操的三儿子曹植是一个文思敏捷、才华横溢的大才子，这让曹操感到十分骄傲。曹操的嫡长子曹丕却少了些许才气，还常惹父亲生气。于是，曹操想要“废长立幼”，废掉曹丕，让曹植成为继承人。在当时的时代环境下，废长立幼是一件大事，搞不好会弄得兄弟自相残杀。于是，大臣们纷纷劝谏曹操收回成命。但是，曹操依然坚持自己的看法。因此，曹操和大臣们在某一时期闹得很僵。这时，曹操想到了自己的大谋士贾诩。贾诩多次巧施妙计帮助曹操取得胜利，是个十分有智谋的人。

在一间空无一人的密室中，曹操召见了贾诩，并询问贾诩对自己废长立幼想法的意见。贾诩一言不发，保持沉默。这可气坏了曹操，正要发作，贾诩说：“我一直在想一件事情，所以没说话。”曹操稍缓怒色，问：“你在想什么？”贾诩一字一顿地回答：“我在想袁本初和刘景生父子。”曹操闻言一愣，随即哈哈大笑，从此以后再也没提过废长立幼的事。

原来，当年正是因为袁绍废长立幼引发内乱，曹操才趁此机会一举歼灭了袁绍。“前车之鉴，后事之师”，曹操怎么会不懂这个道理？

中国有句古话叫“良药苦口利于病，忠言逆耳利于行”。但是，不是所有的忠言都必须逆耳。就像上述事例中的贾诩，他并没有直接回答曹操的问题，反而只是说出自己一时所想的两个人物，曹操便心领神会，听取了劝谏。曹操不但没有勃然大怒，反而哈哈大笑，这也正表现了贾诩的情商之高。在乱世之中能功成身退的人不多，而贾诩就是其中一个。

现代人在制作药品时都会在苦口的良药上包裹一层糖衣，这样既保留了药效，还减轻了吃药时的痛苦，让病人更容易接受。说话也是一个道理，在劝谏他人的时候，也要懂得语言的艺术，为“忠言”装饰一番，让对方更容易接受，这才是情商高的人的做法。

如何才能做到在不伤人的前提下完成劝谏呢？我们不妨注意以下几点。

第一，要对对方有所了解，对有着不同的性格特点的人要采取不同的劝谏方式。虽然日常生活中乐于接受别人的意见和批评的人不少，但讨厌别人劝谏的人也不少，他们往往会因为别人对自己的忠言直谏和对方闹到不和的地步。所以，就要根据不同的对象采取不同的“忠言”方式。

第二，切忌不可站在道德的高地上用义愤填膺的口吻抨击对方；也不要满口大道理，让人感到千篇一律，十分厌恶。如果你用温柔、诚恳的态度动之以情、晓之以理地劝说对方，一定能收获意想不到的效果。你的目的只有一个，就是在对方不反感的前提下帮助对方改正错误。

总而言之，即便是对别人的忠告，也要采取柔和的方式，特别是对于一些处在青春期的人而言更是如此。处在青春期中的人往往有逆反心理，越是别人说的道理，他们越是要反对。如果对方的态度再强硬些，双方就会发生矛盾。这样的后果，绝不是你想得到的。要用对方容易接受的方式劝说对方，才能起到理想的效果。